Andrea & Harald Hesse

Wandern für die Seele in und um München

20 Wohlfühlwege

Droste Verlag

ALLE WANDERUNGEN AUF EINEN BLICK

TOUR 1: SPUREN IM WALD — 7
Durch den Deisenhofener Forst
7,8 km | 20 Hm | 1,5 Std. | Rundweg

TOUR 2: STILLE GEFILDE — 17
Im Norden des Englischen Gartens
7,7 km | 20 Hm | 1,5 Std. | Rundweg

TOUR 3: ROYALE ROMANTIK — 27
Über Nymphenburg zur Blutenburg
11,7 km | 20 Hm | 2,5 Std. | Rundweg

TOUR 4: DIE WELT ERLEBEN — 37
Sardinien und Asien im Westpark
6 km | 20 Hm | 1,5 Std. | Rundweg

TOUR 5: IN NATUR BADEN — 47
Aubinger Lohe und Moosschwaige
13 km | 30 Hm | 3 Std. | Rundweg

TOUR 6: PERLE DER NATUR — 55
Vom Egglburger See zur Ludwigshöhe
8,1 km | 150 Hm | 2 Std. | Rundweg

TOUR 7: LEUTSTETTENER MOOS — 65
Durchs verwunschene Würmtal
11,5 km | 80 Hm | 2,5 Std. | Strecke

TOUR 8: AUF DEM GIPFEL — 75
Erkundungen im Perlacher Forst
7 km | 30 Hm | 1,5 Std. | Rundweg

TOUR 9: URBANES DORF — 83
Durchs Franzosenviertel Haidhausen
4,5 km | 10 Hm | 1,5 Std. | Rundweg

TOUR 10: IM FLUSS SEIN — 93
Vom Rosengarten zum Achtersee
9,9 km | 60 Hm | 2 Std. | Rundweg

TOUR 11: KLEIN-VENEDIG — 103
Entlang des Auer Mühlbachs
10,2 km | 30 Hm | 2,5 Std. | Strecke

TOUR 12: GARTEN-DUETT — 113
Englischer Garten und Hofgarten
8,2 km | 10 Hm | 2 Std. | Rundweg

TOUR 13: WALDESLUFT — 123
Der Hohenbrunner Rundwanderweg
8,3 km | 50 Hm | 2 Std. | Rundweg

TOUR 14: WEITE TANKEN — 131
Der Ismaninger Speichersee
7,5 km | 20 Hm | 1,5 Std. | Rundweg

TOUR 15: ADELIGE PFADE — 141
Schleißheimer Schlösser-Trio
8 km | 20 Hm | 2 Std. | Rundweg

TOUR 16: WALD UND MOOR — 151
Deininger und Aufhofener Weiher
9 km | 90 Hm | 2 Std. | Rundweg

TOUR 17: DURCHS GRÜNTAL — 159
Zum Poschinger Weiher
11 km | 20 Hm | 2,5 Std. | Rundweg

TOUR 18: RUHIGE SCHÖNHEIT — 167
Entlang der Isar und ihrer Auen
10,5 km | 50 Hm | 2,5 Std. | Rundweg

TOUR 19: WASSER MARSCH! — 177
Dreiseenplatte im Norden Münchens
12,6 km | 40 Hm | 3 Std. | Rundweg

TOUR 20: POESIE DER STILLE — 185
Zur Regattaanlage Oberschleißheim
12,1 km | 10 Hm | 2,5 Std. | Rundweg

Idyllisches Plätzchen zum Pausieren

Liebe Wohlfühlwanderer,

Wanderungen in und um München, und dann auch noch Wohlfühlwege? Wer das für ein leeres Versprechen hält, glaubt auch, dass der morgendliche Sonnengruß nur auf einer Yogamatte den Energiespeicher für den ganzen Tag füllt.

Im Ernst, die Weltstadt mit Herz hat weitaus mehr zu bieten als schicke Einkaufsmeilen, imponierende Boulevards, pompöse Architektur und das wuselige Oktoberfest. Tatsächlich ist München reich an wunderschönen Grünflächen, idyllischen Parkanlagen, märchenhaften Schlössern und naturnahen Wäldern. Kurzum: ein prall gefülltes Schatzkästlein voller Seelenstreichler, die Körper und Geist in Einklang bringen.

Auf unseren 20 ausgewählten Wanderungen gibt es viel zu entdecken. Wir genießen das Alpenpanorama am Perlacher Mugl, asiatisches Flair im Westpark, die dezente Schönheit von Moorkiefern im Schwarzhölzl, verwunschene Biotope in der Moosschwaige und echtes Nordseeküsten-Feeling am Speichersee. Wir erkunden Amphibien- und Vogelparadiese, das magische Bayou der Würm, barocke Gartenkulturen, märchenhafte Schlösser, Weiher und malerische Plätze inmitten der Stadt.

Natürlich verlieren wir auf den Wanderungen neben der Seelenkost das Leibeswohl nicht aus den Augen: Die empfohlenen Einkehrmöglichkeiten kennen wir seit Langem, sie bieten wahre Gaumenschmeichler.

Also: Frischauf!

Andrea & Harald Hesse

NATUR-INFO

KULTUR-INFO

TOUREN-/EVENT-INFO

GENUSS-INFO

- 7,8 Kilometer
- 20 Höhenmeter
- 1,5 Stunden
- Rundweg

Waldkapelle St. Anna

Auszeittour 1

Spuren im Wald
Durch den Deisenhofener Forst

Wer gern durch Wald und Flur wandert, ist im Deisenhofener Forst bestens aufgehoben. Das knapp 12 Quadratkilometer große Waldgebiet ist flach wie eine Flunder und steht auf dem Gebiet der Münchner Schotterebene, ein Erbe von drei Eiszeiten, das keine wesentlichen Bodenerhebungen kennt.

Wir starten bei herrlichstem Wetter. Der Himmel ist so strahlend blau, als wäre er zuvor in einen Farbtopf mit Blautönen gefallen. Über den **Stauchartinger Weg** verlassen wir Sauerlach, lediglich der Zwiebelturm der Saalkirche St. Andreas, der die Dächer des Ortes überragt, wirft noch länger ein Auge auf uns. Zunächst passieren wir eine Baumreihe, die 1908 von den Sauerlachern Xaver Schmalzgruber und Andreas Humps gepflanzt worden ist und „Allee der 40 Sommerlinden" heißt. Zwischen den mächtigen Stämmen lädt gelegentlich eine Bank zum Verweilen ein. Wir überqueren den Gänskragenweg und gehen an zwei Scheunen und einem allein stehenden Haus vorbei, neben dem der **Sauerlacher Hundetreff** Hotdogs sein umfriedetes Vereinsgelände hat.

Nun öffnet sich die Landschaft vollends – kein Gebäude stellt sich dem umherschweifenden Blick in den Weg. Vor uns in einiger Entfernung ein Waldstreifen im herbstlichen Kleid, davor Felder über Felder mit dem unbegrenzten Himmelsblau darüber. Mit jedem Schritt, den wir uns ihm nähern, wächst der Deisenhofener Forst höher vor uns auf. Als wir uns noch einmal nach Sauerlach umdrehen, bietet sich uns ein **Blick ❶**, der wenige Hundert Meter zuvor

Die Münchner Schotterebene ist der Nachlass von drei Eiszeiten. Zu Beginn der Warmzeiten schmolzen die Gletscher dahin und spülten Unmengen von Schotter- und Wassermassen nach Norden. Die lagerten sich vor allem in der Münchner Schotterebene ab.

**Allee der
40 Sommerlinden**

Durch den Deisenhofener Forst

Für die Seele

Der Weg führt ins Herz des Deisenhofener Forsts. Eine Allee der 40 Linden, idyllische Lichtungen, uralte Kapellen und Alpenblicke erfreuen uns.

Aus der Ferne grüßen die Alpen

noch nicht zu erahnen war: Jenseits des Ortes zeichnet sich am Horizont das gipfelreich gezackte Alpenband ab.

Wenige Minuten später erreichen wir den Wald. Hier endet der Stauchartinger Weg und beginnt das **Hirschbrunnen-Geräumt.** Durch eine Schneise tauchen wir immer tiefer in das Schatten spendende Gehölz ein, das uns wie ein grünes Spalier umgibt. Als wir das Saubogen-Geräumt kreuzen, durchschreiten wir ein intensives Lichtfeld der von links einfallenden Sonne. Seitlich passieren wir einen kleinen Parkplatz.

Der Waldboden erinnert stellenweise an eine Galerie für moderne Kunst: Hier Totholz mit der Anmutung einer hölzernen Skulptur, da eine moosgrüne Installation, deren Farbe je nach Lichteinfall in

Die denkmalgeschützte spätbarocke Wallfahrtskapelle St. Anna im Stauchartinger Feld wurde 1692/93 erbaut und 1701 erweitert. Seit dem 26. Juli 1702 finden dort alljährlich zum Sankt-Anna-Fest Sternwallfahrten mit Pferdesegnung statt.

Auszeittour 1

Wir erreichen die Weggabelung

leichten Nuancen changiert. Und dort ein morscher Körper mit vielen übereinanderliegenden Ast-Armen. Da und dort finden sich Kolonien von Hallimasch-Pilzen, die mit ihren honiggelben bis bräunlichen Hüten freundlich grüßen. Doch was wir laienhaft als niedlich empfinden, ist für Waldexperten ein gefürchteter Forstschädling.

Wir gelangen an das **Staucharting-Geräumt,** an dem uns rechter Hand eine lichtdurchflutete Lichtung willkommen heißt.

Mittendrin steht die schöne **Wallfahrtskapelle St. Anna** ❷ mit ihrem achteckigen Haubenturm, einst die Hofkapelle der Schwaige Staucharting („Schwaige" ist ein einheimischer Ausdruck für einen Viehhof). Erbaut wurde sie von Melchior Seidl, dem Schwaiger, also Verwalter, des Hofs, und von seiner Frau. Die Innenausstattung des Kirchleins soll sehenswert sein. Da die Tür aber wie üblich verschlossen ist, begnügen wir uns mit einem Blick durchs Fenster. Auch so ist die ein wenig verwunschen wirkende Waldkapelle ein wahrer Augenschmaus – den genießen wir in aller Stille, während wir auf einer der Sitzbänke neben der Kirche ausruhen und eine große Dosis Sonne tanken. Ein wunderbarer Moment, der einfach guttut.

Durch den Deisenhofener Forst

Nachdem die Akkus wieder geladen sind, ziehen wir übers **Staucharting-Geräumt** weiter. Die kleine Kapelle lassen wir links hinter uns zurück, die positive Energie nehmen wir mit! Gut 500 Meter weiter, kurz nachdem wir das Oetz-Geräumt überquert haben, erreichen wir eine **Weggabelung,** in deren spitzem Winkel sich eine Wieseninsel eingenistet hat. Zwei Bäume stehen darauf, einer mit Doppelstamm. Ein kurzer Querweg unmittelbar hinter der kleinen Bauminsel verbindet die beiden Abzweige zusätzlich.

An dieser Weggabelung biegen wir nach rechts in den **Lanzenhaarer Kirchenweg** ein, der uns weitere 1,5 Kilometer durch den Wald führen wird. Unterwegs unterqueren wir eine Eisenbahnbrücke.

Wo wir aus dem Wald heraustreten, treffen wir auf eine Querstraße. Auf der linken Seite sehen wir über eine Pferdekoppel hinweg die **Kirche St. Ulrich** ❸

Die spätgotische Kirche St. Ulrich in Lanzenhaar, einem Ortsteil der Gemeinde Sauerlach, fand erstmals 1315 Erwähnung. Die heutige Form des idyllisch gelegenen Kirchleins mit seinem Spitzhelm geht aufs 15./16. Jahrhundert zurück.

Wir genießen die Kulisse der St.-Ulrich-Kirche

Auszeittour 1

mit einem achteckigen Dachreiter samt Spitzhelm. Ihre Ursprünge reichen deutlich weiter zurück als die der St. Anna-Kapelle, wie wir einer Infotafel entnehmen. Leider ist auch diese Kirche verschlossen. So lassen wir uns an der Chorseite auf einer Bank nieder und die Kulisse auf uns wirken. Die angenehme Stille wird alle paar Minuten von klappernden Pferdehufen unterbrochen. Reiterinnen, fest im Sattel – mal allein, mal zu zweit. In der Nähe sind Reiterhöfe und Reitställe, daher die vielen Pferdestärken.

Genug geruht, genug gesehen – auf geht's. Zurück zu der Stelle, wo wir den Wald verlassen haben. Hier halten wir uns nun halb links, gehen an der Koppel vorbei und am Waldrand entlang. Nach 100 Metern macht der Weg eine sanfte Rechtskurve, durch die wir erneut in den nun wieder dichter stehenden Dei-

Durch den Deisenhofener Forst

senhofener Forst eintauchen. Der **Lanzenhaarer Kirchenweg** wird uns durch den ganzen Wald hindurch bis an den Ortsrand von Sauerlach begleiten, alle folgenden Abzweigungen lassen wir rechts und links liegen, bleiben stets auf dem Hauptweg.

Nach gut einem Kilometer treten wir aus dem Wald ins Freiland, zur Linken begrüßt uns ein Hochsitz, der sich in 3 Metern Höhe an den Stamm einer alten Kiefer lehnt. Wir klettern die Leiter ein paar Stufen hinauf und lassen die Augen langsam über die Landschaft zu unseren Füßen schweifen. Auf beiden Seiten des Wegs reihen sich Wiesen und Felder aneinander. Vor uns, im Süden, jenseits der Baumwipfel, lacht uns wieder am Horizont die Silhouette der Alpenkette an. Darüber der schier endlos wirkende Himmel, dessen Blau je heller wird, je näher es der

Idyllische Wiesen- und Felderlandschaft

Auszeittour 1

Erde kommt. Darauf passieren wir zur Linken eine kleine Bauminsel mit einer Sitzbank davor, die in den frühen Abendstunden von Tagen mit solchem Bilderbuchwetter zur naturnahen Sonnenbank wird.

Kurz vor den ersten Häusern von **Sauerlach** verlassen wir den Lanzenhaarer Kirchenweg an einer Weggabelung nach rechts und gelangen wieder an die Bahntrasse, die wir in einem schmalen Gang unterqueren. Sodann biegen wir nach links in **die Deisenhofener Straße,** der wir bis zum **Spielplatz** am **Stauchartinger Weg** folgen, einen Steinwurf vom Ausgangspunkt entfernt. An der Straße, vor einem hoch gewachsenen Baum, steht ein **Feldkreuz** ❹ mit Christusfigur, eine Rosenblüte zwischen den Füßen. Ein blumiges Ende der Tour.

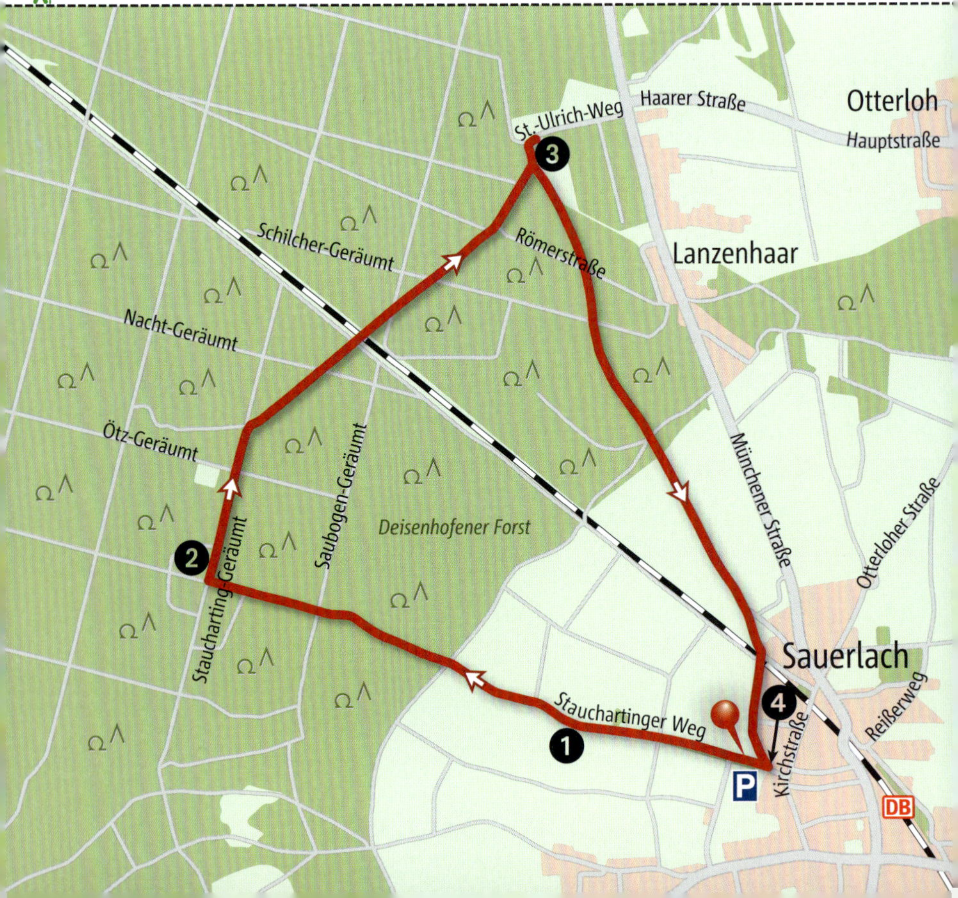

Alles auf einen Blick

Entspannung ✺✺✺✺✺
Genuss ✺✺✺✺✺
Romantik ✺✺✺✺✺

WIE & WANN:
Wenig befahrene asphaltierte Straßen, Wirtschafts- und Forstwege; ganzjährig machbar, wird im Winter nicht geräumt

HIN & WEG:
Auto: Parkplatz Stauchartinger Weg/Ecke Lindenweg (GPS: 47.975173, 11.646969)
ÖPNV: S 3 bis Sauerlach; ca. 10 Min. Fußweg zum Ausgangspunkt über Von-Aychsteter-Straße, rechts Kirchstraße, links Stauchartinger Weg

ESSEN & ENTSPANNEN:
Einkehrmöglichkeiten in der Nähe sind z. B.:
Postwirt Sauerlach, Tegernseer Landstraße 2, 82054 Sauerlach,
Tel. (0 81 04) 6 46 44 99, www.postwirt-sauerlach.com
La Ruota Ristoro Italiano, Münchener Straße 2, 82054 Sauerlach,
Tel. (0 81 04) 8 89 23 99, www.la-ruota.de/lokal-sauerlach

ENTDECKEN & ERLEBEN:
Blick auf die Alpen ❶
Wallfahrtskapelle St. Anna in Staucharting ❷
Kirche St. Ulrich in Lanzenhaar ❸
Feldkreuz ❹

- 7,7 Kilometer
- 20 Höhenmeter
- 1,5 Stunden
- Rundweg

Zwei Schaukeln über dem Bach

Auszeittour 2

Stille Gefilde
Im Norden des Englischen Gartens

Der nördliche Teil des Englischen Gartens ist mit dem südlichen nicht zu vergleichen. Sie sind wie Tag und Nacht. Während der an Attraktionen prall gefüllte Süden (gefühlt) von der halben Stadt und dem Gros der Touristen zur Erholung genutzt wird, lockt der Nordteil mit lauter idyllischen Inseln und angenehm ruhigen Plätzen. Die stilleren Gefilde des Nordens bringen Körper, Geist und Seele wieder in Einklang und erzeugen ein angenehmes Wohlgefühl.

Wir starten unseren Rundweg am **Parkplatz des Seehauses** am Kleinhesseloher See, passieren zunächst den gastronomischen Hotspot Münchens auf der linken und das **Denkmal für Reinhard von Werneck** ❶ auf der rechten Seite, bevor wir über eine Brücke den Nordteil des Englischen Gartens betreten.

Nachdem wir den mehrspurigen Isarring überquert haben, gehen wir in einem Linksbogen am **Lodenfrey-Park** vorbei. Die einstige Produktionsstätte der Firma Lodenfrey wurde Ende der 1980er-Jahre in einen Gewerbepark umgewandelt.

Kurz darauf treffen wir auf eine schmale Kreuzung. Wir ziehen geradeaus weiter, an einer Wiese entlang und an hoch gewachsenen alten Bäumen vorbei. Nach rund 800 Metern biegen wir rechts in den **Ernst-Petzoldt-Weg** ein, benannt nach dem deutschen Schriftsteller, Bildhauer, Maler und Karikaturisten Ernst Petzoldt (1892–1955). Wir verlassen ihn jedoch schon nach wenigen Schritten, unmittelbar vorm Oberstjägermeisterbach, wieder nach links.

Wer mag, könnte auch noch ein kleines Stück auf

Reinhard Freiherr von Werneck war von 1798 bis 1803 Direktor des Englischen Gartens und ließ während seiner Amtszeit unter anderem den Kleinhesseloher See anlegen.

Die glückliche Wiedervereinigung des Englischen Gartens steht bevor. Der Isarring, der den Park seit den 1960er-Jahren in einen Nord- und Südteil trennt, wird auf Wunsch vieler Bürger in einem Tunnel verschwinden. Geplanter Baubeginn ist 2023.

Wir folgen dem Oberstjägermeisterbach

Im Norden des Englischen Gartens

Für die Seele

Wir lustwandeln durch eine einzigartige Naturlandschaft – vorbei an schönen Wiesen, idyllischen Ruheorten, an Bächen entlang und über Brücken hinweg.

Das Mini-Hofbräuhaus lädt zu einer Rast ein

dem Ernst-Petzoldt-Weg bleiben, um einen **Abstecher** zum **Mini-Hofbräuhaus** ❷ zu machen. Das ganze Jahr über – sommers im Biergarten, winters im beheizten Zelt – wird dort deftige Hausmannskost serviert.

Nachdem wir links eingebogen sind, folgen wir dem Oberstjägermeisterbach, der mal mehr, mal weniger die Nähe zu uns sucht. Schon nach einer kurzen Strecke spaltet er sich auf, bildet eine Schlaufe, die ein kleines Wäldchen rahmt, die sogenannte Vogelinsel. Dann finden die beiden Wasserläufe wieder zusammen. Der Weg mäandert durch den Park, immer wie-

Auszeittour 2

Pause an der Effnerbrücke

der wechseln sich weite Wiesen mit größeren und kleineren Baumgruppen ab. Schließlich erreichen wir die **Effnerbrücke** ❸, vor der eine kleine Staustufe den Bach rauschend aufwühlt. Der dadurch entstehenden Wassermusik lauschen wir auf einer Sitzbank am Wegesrand. Gegenüber steht eine Weide, deren lange, dünne Äste tief übers Wasser ragen, als würden sie sich vor dem Bach verneigen.

Auf Höhe der Effnerbrücke, etwa in 80 Meter Entfernung auf der linken Seite, liegt das von Bäumen und Büschen umgebene **Amphitheater** ❹. Die „Bretter" der Freilichtbühne werden im Sommer zur großen Freude und Erbauung des Publikums mit „Commedia im Park" bespielt. Mitunter finden sich dort Hunderte Besucher ein, die im Gras sitzen, picknicken und den Inszenierungen lauschen, während die Sonne in den Abend- und Nachtmodus schaltet.

Wir lassen Amphitheater und Brücke hinter uns und streifen nach etwa 400 Metern den **Schwammerlwei-**

Wir lauschen der Wassermusik an der kleinen Staustufe

Auszeittour 2

Schwabinger Bucht

Der Aumeister, 1810/11 als Dienstsitz des Königlichen Aujägermeisters erbaut, diente ursprünglich Teilnehmern der Hofjagden. Heute zählt er mit seinen 3000 Sitzplätzen zu den beliebtesten Biergärten der Münchner. Den Gast locken bayerische Schmankerl und Saisonbiere.

her ❺, einen von insgesamt drei Weihern im Nordteil des Englischen Gartens. Die beiden anderen, Entenfallweiher und Libellenteich, könnte man erreichen, indem man dem Oberstjägermeisterbach folgt, der das Weiher-Trio mit seinem Wasser speist. Wir bleiben jedoch auf dem Hauptweg, der uns noch einen Kilometer bis zum Nordende des Parks und zum Aumeister begleiten wird.

Kurz vor unserem Etappenziel entdecken wir ein von vielen Laubbäumen beschattetes Areal. Am Boden entfaltet sich ein mattgrünes Blättermeer, von dünnen Stielen getragen: Bärlauch über Bärlauch, so weit das Auge reicht. Spätestens ab April hat er Saison. Beginnt er zu blühen, ist die Erntezeit vorbei.

Die Gaststätte Aumeister ❻, einst ein bewirtschaftetes Forsthaus, zieht uns mit seiner großen, einladenden Außenfläche unter großen Kastanienbäumen in

Im Norden des Englischen Gartens

ihren Bann. Dazu ein kühles Helles, einen „reschen" Schweinsbraten, einen mit knackiger Kruste, oder einen Steckerlfisch – was wollen wir mehr?

Schließlich machen wir uns auf den Rückweg Richtung Kleinhesseloher See. Wir verlassen den Biergarten über eine Brücke, die den Schwabinger Bach quert, wenden uns nach rechts und begleiten den Bach im Abstand von vielleicht 30 Metern. Zunächst führt uns der Weg in einem weiten Linksbogen vorbei an eindrucksvollen Bäumen, um dann in eine weit ausholende Rechtskurve überzugehen. Hier, in der **Schwabinger Bucht** ❼, befindet sich jenseits des geschwungenen Bachlaufs ein offiziell ausgewiesenes FKK-Gelände, das an einen Sportplatz grenzt.

Beglückende Stille

Auszeittour 2

Ein wenig später erspähen wir zwei Schaukeln. Sie sind nebeneinander an einem dicken Ast befestigt, der weit über den Bach ragt, und versprechen an heißen Sommertagen ein außerordentliches Badevergnügen: Von der Schaukel aus geht der Sprung direkt ins erfrischende kühle Nass.

Für die nächsten 3 Kilometer bleiben wir unserem Weg treu, der uns bis zum **Seehaus** ❽ geleitet.

Auffällig ist, dass der Rückweg vom Aumeister zum Ausgangspunkt unserer Parktour einen ganz anderen Charakter hat: Statt schattenreicher Waldwege führt er uns über offene, mit sattgrünen Wiesen bedeckte Freiflächen, sodass uns das Gefühl beschleicht, auf der Sonnenseite des Lebens zu wandeln. Ein gutes Gefühl!

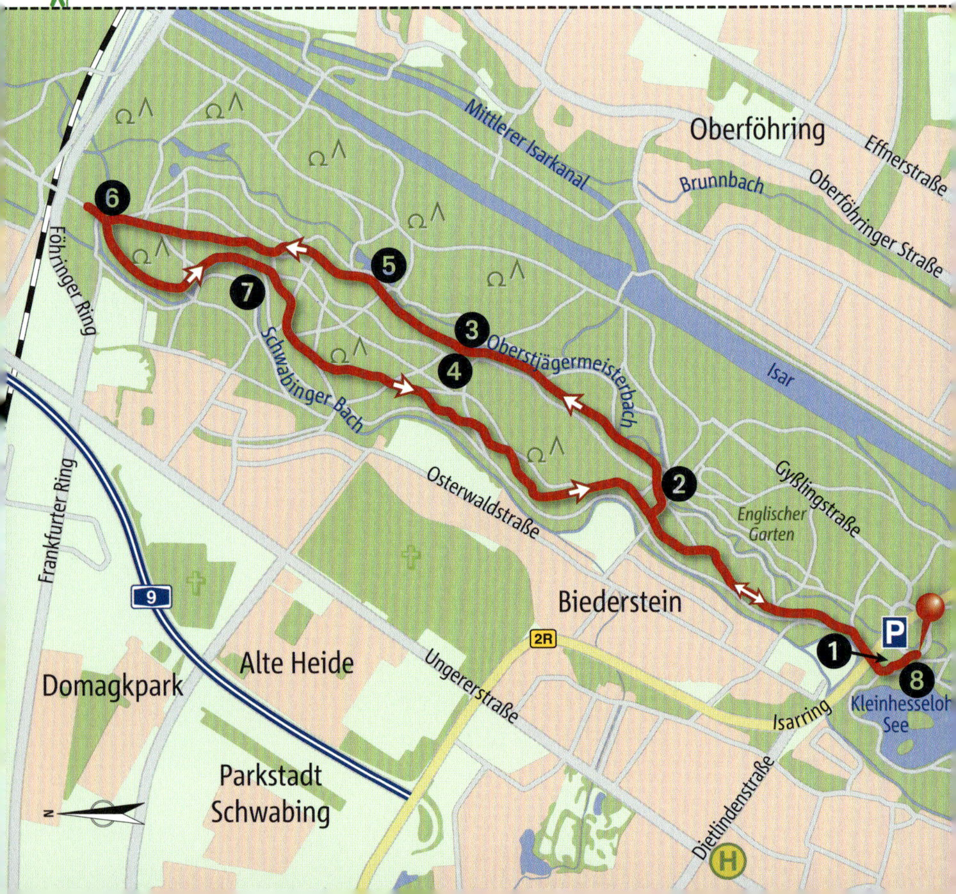

Alles auf einen Blick

Entspannung ✳✳✳✳✳
Genuss ✳✳✳✳✳
Romantik ✳✳✳✳✳

WIE & WANN:
Wege durchweg gut befestigt; zu jeder Jahreszeit lohnend

HIN & WEG:
Auto: Parkplatz am Seehaus (gebührenpflichtig), Kleinhesselohe 3, 80805 München (GPS: 48.160484, 11.598946)
ÖPNV: Bus 59 bis Osterwaldstraße; alternativ U 6 bis Dietlindenstraße, ca. 15 Minuten Fußweg zum Ausgangspunkt über Dietlindenstraße und parallel zum Isarring

ESSEN & ENTSPANNEN:
Mini-Hofbräuhaus ❷ Gyßlingstraße, 80805 München,
Tel. (0 89) 36 10 08 80, www.facebook.com/minihb
Aumeister ❻ Sondermeierstraße 1, 80939 München,
Tel. (0 89) 1 89 31 42-0, www.aumeister.de
Seehaus ❽ Kleinhesselohe 3, 80802 München,
Tel. (0 89) 38 16 13-0, www.kuffler.de/de/restaurant/seehaus

ENTDECKEN & ERLEBEN:
Denkmal für Reinhard von Werneck ❶
Effnerbrücke ❸
Amphitheater ❹
Schwammerlweiher ❺
Schwabinger Bucht ❼

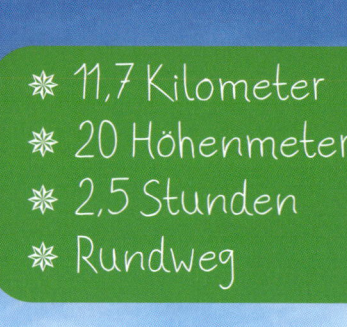

- ✻ 11,7 Kilometer
- ✻ 20 Höhenmeter
- ✻ 2,5 Stunden
- ✻ Rundweg

**Blick auf das imposante
Schloss Nymphenburg**

Auszeittour 3

Royale Romantik
Über Nymphenburg zur Blutenburg

Eines ist gewiss: Romantiker geraten auf dieser Tour ins Schwärmen. Auch wenn sie nah am Gewusel und Getriebe des Pasinger Bahnhofs beginnt.

Wir legen los auf der von der Stadt abgewandten Seite des Bahnhofs, vom Bahnhofsplatz müssen wir durch die Unterführung und links durch den **Hellihofweg** in die **Theodor-Storm-Straße.** Diese verlassen wir nach links in den schmalen **Bergengruenweg,** um nach wenigen Metern rechts in den **Hermann-Hesse-Weg** einzubiegen. Er wird auf der linken Seite von der Würm begleitet. Kurz darauf überqueren wir die Theodor-Storm-Straße, um auf der anderen Straßenseite über eine kleine Brücke wieder an die Würm geführt zu werden. In einem Park passieren wir zunächst einen Spielplatz, danach den Kornberger Weiher und treffen schließlich auf den **Schirmerweg.**

Kirche St. Wolfgang

Hier lohnt ein kurzen Abstecher: Wir gehen links zur Pippinger Straße vor, überqueren diese und schauen uns **St. Wolfgang** ❶ an, die letzte vollständig erhaltene gotische Dorfkirche Münchens. Ende des 15. Jahrhunderts entstand sie auf den Fundamenten eines Vorgängerbaus. Die Innenausstattung ist eine Augenweide, die Fassaden zieren sehenswerte Malereien.

Wir kehren zurück zum **Schirmerweg,** halten uns rechts und biegen nach wenigen Schritten links in die

Auszeittour 3

Während der westlich vom Schloss verlaufende Pasing-Nymphenburger Kanal als Wasserversorger des Schlossparks und Sichtachse gedacht war, diente der östliche Schlosskanal einst zu Repräsentationszwecken. Winters ist er heute eine beliebte Eislauf- und Eisstockbahn.

Westerholzstraße ein, über die wir nach wenigen Minuten an einer Brücke den **Pasing-Nymphenburger Kanal** ❷ erreichen. Dessen Aufgabe ist es, den Nymphenburger Schlosspark mit Wasser aus der Würm zu versorgen. Ursprünglich, als die Gegend noch unverbaut war, diente er als Sichtachse, über die man einen freien Blick von der Nymphenburger Schlossterrasse bis zur Kirche St. Wolfgang hatte.

Dem Kanal folgen wir am linken Ufer für 1,3 Kilometer schnurgerade bis zur **Frauendorferstraße.** Hier wenden wir uns zunächst nach rechts über den Kanal, biegen sodann links in die Straße **Am Nymphenbad** ein und an der nächsten Kreuzung links in die **Bärmannstraße,** über die wir eine Bahntrasse unterqueren und auf den Weg **An der Schlossmauer** gelangen. Wir gehen nach rechts und nach wenigen Schritten an einer Weggabelung nach links. Zur Linken begleitet uns bereits die Mauer des Nymphenburger Schlossparks. An dieser Stelle ist sie noch recht niedrig und gewährt ei-

Wir folgen dem linken Ufer des Pasing-Nymphenburger Kanals

Über Nymphenburg zur Blutenburg

Für die Seele

Wir folgen der Würm und den Nymphenburger Kanälen, erkunden ein Gartenkunstwerk mit Badehaus, Gondoliere und einem Schloss, breiter als das von Versailles.

Badenburg

nen Vorgeschmack auf das vor uns liegende Gartenkunstwerk. Am Ende einer Waldschneise erhaschen wir über eine sattgrüne Wiese und den Badenburger See hinweg einen Blick auf einen Teil des Schlossgebäudes. Mit jedem Schritt nähern wir uns der Schlossmauer. Wir begleiten sie für rund 130 Meter, um dann durch einen Mauereingang den Park zu betreten.

An einem Wegestern wenden wir uns nach rechts und folgen dem Ufer des Badenburger Sees bis zur 1718 bis 1722 erbauten **Badenburg** ❸, deren ockergelbe Fassade uns freundlichst begrüßt. Dieses Kleinod diente einem einzigen Zweck: Wenn den hohen Herr-

Der denkmalgeschützte Nymphenburger Schlosspark ist märchenhaft schön und gilt als eines der größten und bedeutendsten Gartenkunstwerke Deutschlands. Die Gesamtanlage ist 229 Hektar groß und Landschaftsschutzgebiet.

Auszeittour 3

schaften der Sinn nach einem komfortablen warmen Bad stand – in dieser Parkburg wurde er umgehend erfüllt. Selbstverständlich standen im Haus auch Schlaf-, Schreib-, Garderoben- und Spielzimmer zur Verfügung. Von der Freitreppe aus hat man einen wunderbaren Blick auf den **Monopteros (Apollotempel) 4**, der auf einer Halbinsel im See steht.

Wir folgen dem schmalen Südlichen Kanal und passieren schon bald einige kleinere Gebäude am anderen Ufer, das **Dörfchen 5**, ein wahres Idyll. Im Zentrum steht das zweigeschossige Grüne Brunnhaus mit dem Stichkanal, über den am Ufer eine kleine Brücke führt. In den insgesamt fünf Gebäuden waren Hofbedienstete untergebracht. Die fast romantische Anmutung des Ensembles kommt nicht von ungefähr: So wirklichkeitsfremd stellte sich der Adel früher das Leben der Bauern vor.

An der nächsten Wegkreuzung halten wir uns links, am übernächsten Abzweig erneut links und gehen nun direkt auf die **Amalienburg 6** zu. Der einstö-

Wir passieren das Dörfchen

Über Nymphenburg zur Blutenburg

Amalienburg

ckige Rokokobau wurde 1734 bis 1739 als Jagdschlösschen errichtet. Die von einem Gitter umfriedete Plattform auf dem Dach diente als Hochstand, von dem aus bequem Fasanenjagd betrieben werden konnte.

Vorbei am kleinen **Kronprinzengarten** (Ludwigsgarten) mit dem zweigeschossigen hölzernen **Pavillon** ❼, auch Hexenhäuschen genannt, gelangen wir an einen Stichweg, in den wir links einbiegen. Sofort nach der Brücke über den Schlossgartenkanal verlassen wir ihn wieder nach links. Am nächsten Abzweig halten wir uns rechts und gehen bis zum großen achteckigen Marmorbecken mit der riesigen Wasserfontäne. Zur Rechten liegt das Schloss **Nymphenburg** ❽ in seiner ganzen prachtvollen Schönheit und imposanten Spannbreite vor uns. Auch das Gartenparterre mit vier von Blumenbeeten eingefassten Rasenstücken ist ein Gedicht.

Schloss Nymphenburg, eines der großen Königsschlösser Europas, war Sommerresidenz der Wittelsbacher. Baubeginn war 1664, in den folgenden Jahrhunderten gab es mehrere Erweiterungen. Die Gesamtbreite mit allen zugehörigen Gebäuden beträgt 632 Meter.

Auszeittour 3

Wir verlassen das Parterre über die rechte Brücke am **Schlossgartenkanal** ❾ – im Sommer wartet hier ein Gondoliere auf seine Kundschaft – und gehen geradeaus, um uns am zweiten Abzweig nach links zu wenden. Einen Steinwurf von der Brücke entfernt lädt das **Schlosscafé im Palmenhaus** ❿, im einstigen königlichen Gewächshaus, zum Verweilen ein.

Wir nähern uns der Pagodenburg

Schloss Blutenburg

Nach wenigen Minuten erreichen wir die **Pagodenburg ⓫**, ein achteckiges, strahlend weißes, um 1718 erbautes Lustschlösslein, das am Pagodenburger oder Kleinen See liegt. Wir nehmen auf einer der Bänke am Ufer Platz und lassen uns von der wärmenden Sonne streicheln.

Weiter geht's. Nachdem wir den kleinen Hartmannshofer Bach an einer Brücke überquert haben, biegen wir scharf nach links und folgen dem Weg bis zur nächsten T-Kreuzung. Wir wenden uns nach rechts, wenige Meter später nach links und verlassen das Areal durch ein Tor in der Schlossmauer.

An der nächsten Weggabelung biegen wir links in den Weg **An der Schlossmauer** ein, der uns bis zur Bahntrasse und daran entlang bis zur Unterführung bringt, die wir schon vom Hinweg kennen. Auch den nächsten Streckenabschnitt über **Bärmannstraße, Am Nymphenbad** und **Frauendorferstraße** sind wir bereits gegangen. Doch unmittelbar nachdem wir den Pasing-Nymphenburger Kanal überquert haben, biegen wir zunächst links und sofort wieder rechts ab. Entlang des Durchblicks – einst eine Sichtachse zwischen Schloss Nymphenburg und Schloss Blutenburg, inzwischen verbaut und zugewachsen – passieren wir zunächst

Auszeittour 3

Schloss Blutenburg war ursprünglich eine mittelalterliche Burganlage, 1432 erstmals urkundlich erwähnt. Heute beherbergt sie unter anderem die Internationale Jugendbibliothek, die Erich-Kästner-Gesellschaft und das Michael-Ende-Museum.

einen schmalen, beidseitig von Siedlungen flankierten Grünstreifen, gefolgt von mehreren Ackerflächen. Nach knapp 2 Kilometern, auf denen wir die Meyerbeerstraße und die Grandlstraße kreuzen, erreichen wir **Schloss Blutenburg ⓬.** Von der Würm umflossen und von Weihern umgeben, liegt das ehemalige Jagdschloss wie auf einer Insel vor uns: mit seinen Türmchen, der Schlosskapelle im Hintergrund und der **Schlossschänke Blutenburg ⓭** mit Seeterrasse. Ein romantisches Plätzchen, wie aus dem Bilderbuch.

Links neben Schloss Blutenburg treffen wir wieder auf die Würm, der wir knapp 1,5 Kilometer zurück zum Ausgangspunkt unseres Rundwegs folgen – via **Hermann-Hesse-Weg, Bergengruenweg** und **Theodor-Storm-Straße.**

Alles auf einen Blick

Entspannung ✸✸✸✸✸
Genuss ✸✸✸✸✸
Romantik ✸✸✸✸✸

WIE & WANN:
Asphaltierte Fußwege, befestigte Park- und Uferwege; ganzjährig machbar

HIN & WEG:
Auto: Parknische auf dem Seitenstreifen an der Theodor-Storm-Straße (GPS: 48.151510, 11.459717)
ÖPNV: Diverse RE- und RB-Linien, S 3, 4, 6 oder 8 bis Pasing; oder Tram 19 oder diverse Buslinien bis Pasing Bahnhof

ESSEN & ENTSPANNEN:
Schlosscafé im Palmenhaus ❿ Schloss Nymphenburg, Eingang 43, 80638 München, Tel. (0 89) 17 53 09, www.palmenhaus.de
Schlossschänke Blutenburg ⓭ Seldweg 15, 81247 München, Tel. (0 89) 8 11 98 08, www.schlossschaenke-blutenburg.de

ENTDECKEN & ERLEBEN:
Dorfkirche St. Wolfgang ❶
Pasing-Nymphenburger Kanal ❷
Badenburg ❸
Monopteros (Apollotempel) ❹
Dörfchen ❺
Amalienburg ❻
Pavillon Kronprinzengarten ❼
Schloss Nymphenburg ❽ Tel. (0 89) 1 79 08-0, www.schloss-nymphenburg.de
Schlossgartenkanal ❾ Gondelfahrten: www.gondel-nymphenburg.de
Pagodenburg ⓫
Schloss Blutenburg ⓬

- 6 Kilometer
- 20 Höhenmeter
- 1,5 Stunden
- Rundweg

Pavillon im chinesischen „Garten von Duft und Pracht"

Auszeittour 4

Die Welt erleben
Sardinien und Asien im Westpark

Warum in die Ferne schweifen, wenn das Gute liegt so nah? Im Westpark zum Beispiel, der zum entspannten Flanieren verführt und seine verschlungenen Wege abwechslungsreich mit Kunst und Kultur garniert. Ein Schatzkästlein voller Preziosen, geformt wie eine Voralpenlandschaft und abgeschirmt vom Lärm der pulsierenden Stadt. Seine Besucherzahlen überragen die des Englischen Gartens, was man vor allem an sonnenverwöhnten Sommertagen feststellt. Aber es gibt genauso Tage, an denen man sich in der Parkanlage ruhig und lässig treiben lassen kann.

Vom Parkplatz am Ende der Westendstraße, vorbei am Eingang vom **Wirtshaus am Rosengarten,** gelangen wir über die **Glimstraße** am ersten Abzweig nach links in den Park. Wir lassen den Biergarten links liegen

Der 60 Hektar oder 84 Fußballfelder große Westpark in Sendling entstand 1983 für die Internationale Gartenausstellung nach Plänen des Landschaftsarchitekten Peter Kluska. Die Anlage ist von Hügel- und Tallandschaften und dem West- und Mollsee geprägt.

Farbenfrohe Blüten begegnen uns

Auszeittour 4

und gehen an Beet- und Sonnenstauden vorbei, die uns mit farbenfrohen und teils spektakulären Blüten begrüßen. Im Hintergrund, von Laubbäumen mit üppiger Krone umstanden, ein schmaler Wasserstreifen: der **Westsee.** Sodann streifen wir zur Rechten den **Blindengarten,** der es Sehbehinderten erlaubt, sich mit Pflanzen und anderen Gartenelementen zu beschäftigen. Anschließend folgt der **Guten-Tag-Brunnen** ❶, der aus drei unterschiedlich großen Steinen besteht. Über deren Flächen – einige poliert, andere unbehandelt – stürzen Möchtegern-Wasserfälle und Rinnsale anderthalb bis zwei Meter in die Tiefe.

Nach der **Gymnastikwiese,** die sich seitlich bis zum Westsee erstreckt, verlassen wir den befestigten Weg und gehen über einen deutlich sichtbaren und leicht ansteigenden Wiesenpfad zur **Grünen Brücke.** Die bogenförmige, seitlich bepflanzte Fußgängerbrücke überspannt den Mittleren Ring, der den Park in einen West- und Ostteil trennt. Unmittelbar vor der Brücke befindet sich eine grün umrankte, metallene **Raumbogenskulptur,** die an eine Pergola erinnert. Von der Brü-

Guten-Tag-Brunnen

Sardinien und Asien im Westpark

Für die Seele

Wir besuchen den Westpark, der uns in vertraute, ungewohnte, bezaubernde und kontemplative Landschaftsräume entführt und wie ein Entspannungsbad wirkt.

Umrankte Pergola vor der Grünen Brücke

cke aus sehen wir auf der linken Seite über die Garmischer Straße hinweg den circa 7 Kilometer Luftlinie entfernten Olympiaturm.

Nach der Brücke halten wir uns rechts und passieren zwei **Spielplätze,** einer davon für Babys. Wir folgen dem Wegweiser **Kunstausstellung** zum **Sardenhaus** ❷, dessen Bauweise einem traditionellen Wohnhaus Sardiniens nachempfunden ist. Es verfügt über ein begrüntes, begehbares Dach. Vor dem Eingang rechts, ein wenig im Gebüsch versteckt, steht ein **Sardischer Krieger aus der Nuragenzeit** des sardischen Künstlers Ma-

Auszeittour 4

Für die Wasserlandschaft im Ostteil des Westparks hat sich der Name Mollsee eingebürgert. Richtig ist aber: Nur das Becken mit dem Modellboothafen heißt so. Eine Kaskade speist den seeähnlichen Wasserlauf, der in ein Feuchtbiotop mit Niedermoorcharakter übergeht.

rio Nieddu. Derartige Steinreliefs schmückten schon vor über 3000 Jahren – eben in der Nuragenzeit – die aus massiven Felsbrocken errichteten Türme auf Sardinien, von denen es bis heute noch einige Tausend gibt.

Als wir ein kleines, aber feines Feuchtbiotop passieren, hören wir immer wieder ein lautes „Tück". Plötzlich raschelt etwas im kniehohen Gras und zwei Blässhühner, pechschwarz mit weißer Kopfblässe, staksen auf uns zu und blaffen uns an: „Tück, tück". Da wir nicht weiter stören wollen, gehen wir weiter am Wasserlauf entlang. Vom gegenüberliegenden Ufer lacht uns ein Bauwagencafé am Wasser mit Biergarten und einem blau-weiß gestreiften Partyzelt an. Keine Frage, dort werden wir einkehren. Aber erst

Buntes Treiben am anderen Ufer

Sardinien und Asien im Westpark

Rauschende Wasserkaskade

umrunden wir noch den **Mollsee** ❸, der an einer rauschenden Wasserkaskade beginnt. Dahinter befindet sich eine flache Bogenbrücke, die immergrüner Efeu zu verschlingen scheint – eine malerische Kulisse.

Ein schmaler gepflasterter Weg bringt uns zum Zulauf des Mollsees. Wir überqueren ihn auf Betonplatten, die im Wasser liegen, aber so aussehen, als würden sie darauf schwimmen. Über eine großzügige Liegewiese mit viel Gegenverkehr – eine große Gruppe Graugänse watschelt ohne Scheu auf uns zu – und vorbei am Modellboothafen, in dem gestandene Männer ihre neuesten ferngesteuerten Vehikel zu Wasser lassen, erreichen wir das Bauwagencafé **Gans am Wasser** ❹. Dort ist schon einiges los, wir ergattern dennoch ein wunderbares Plätzchen direkt am Ufer. Welche Entspannung, welcher Ausblick über das sich leicht kräuselnde Wasser, in dem sich die Strahlen der Maisonne brechen. Und dann schwimmt auch noch ein Paar Kanadagänse, am schwarzen Kopf und wei-

Auszeittour 4

Das Bayerwaldhaus stand bis 1977 im niederbayerischen Oblfing, wo es schon Mitte des 18. Jahrhunderts erstmals urkundlich erwähnt wurde. Danach wurde es im Museumsdorf Bayerischer Wald aufgebaut, um 1982 endlich an seiner heutigen Stelle zu landen.

ßen Kehlfleck leicht zu erkennen, mit seinen zwei Küken zum Greifen nah vor uns herum – wir sind wunschlos glücklich.

Am Feuchtbiotop vorbei kehren wir über die **Grüne Brücke** zurück in den Westteil des Parks. Von beiden Enden der Brücke aus genießen wir den Blick ins jeweilige Parktal.

Nach der Pergola schwenken wir rechts auf den breiten Hauptweg ein. Vor uns liegt schon die nächste Attraktion: das **Bayerwaldhaus** ❺. In dem historischen Bauernhaus befinden sich Wohnteil, Stallung und Stadel unter einem Dach. Sein traditioneller Bauerngarten ist während der Blütezeit ein fulminanter Augenschmaus. Zwei Infotafeln am Gartenzaun geben weitere Auskunft.

Kaum haben wir das niederbayerische Juwel auf dem Hauptweg rund 400 Meter hinter uns gelassen, tauchen wir ein in einen „Garten von Duft und Pracht", wie der **Chinagarten** ❻ poetisch heißt. Garten-

Das Bayerwaldhaus

Sardinien und Asien im Westpark

Eine wahre Ruheoase

experten aus dem Reich der Mitte haben ihn nach dem Beispiel alter Gelehrtengärten als Sinnbild der vier Jahreszeiten hier aufgebaut. Die Pforte des Frühlings öffnet den Garten. Was folgt, hat uns tief berührt. Andere Länder, andere Sitten – an diesem Ort erleben wir hautnah, wie beeindruckend kulturelle Vielfalt ist.

Wir verlassen den Chinagarten und passieren rechts die von 300 Handwerkern in sieben Monaten geschnitzte **Nepal-Pagode.** Links in einem Wasserbecken befindet sich ein 9 Meter hoher thailändischer Sala (offener Pavillon) mit einer **Buddha-Statue** ❼. Die Figur ist geweiht und war europaweit das erste frei stehende Buddha-Heiligtum. Wir umrunden das Becken mit der Sala, um kurz darauf den **Japangarten** ❽ zu bestaunen: ein flacher Teich mit Terrasse, ein Steg samt Aussichtsplattform und ein stilisiertes Teehaus. Ein Schauplatz, der Ruhe ausstrahlt – und beruhigt.

Um den Westsee herum, in Sichtweite ein Modellentwurf des **Hochwiesenhauses** ❾ von Friedensreich Hundertwasser, schlendern wir durch den **Rosengarten,** in dem sich lauter kleine bestuhlte Oasen der Ruhe

Auszeittour 4

befinden. Rund 20.000 Rosen, 500 verschiedene Arten, sind darin angepflanzt. Es ist Blütezeit und das Areal mutet wie die farbenfrohe Mischpalette eines Malers an. Überall springen uns rote, weiße und gelbe Tupfer an. Im kleinen Biergarten des **Wirtshauses am Rosengarten** ❿ mit dem Steckerlfischstand wäre nochmals eine Einkehr möglich. Am Ende verlassen wir den Westpark über die **Glim-** und **Westendstraße.**

Leider muss auch so ein Tag, so wunderschön wie heute, vergehen, aber wir kommen wieder! Es gibt noch so viel zu entdecken: das Theatron, in dem Konzerte stattfinden, die Seebühne mit ihren 1200 Plätzen, auf der sommers Kino, Musik und Theater geboten werden, ein Kugelbrunnen, eine Wasserwand und, und, und …

Alles auf einen Blick

Entspannung ✹✹✹✹✹
Genuss ✹✹✹✹✹
Romantik ✹✹✹✹✹

WIE & WANN:
Asphaltierte Straßen, befestigte Park- und Wiesenwege; zu allen Jahreszeiten begehbar

HIN & WEG:
Auto: Parkplatz am Ende der Westendstraße, 81377 München (GPS: 48.123828, 11.508538)
ÖPNV: Tram 18 bis Stegener Weg; kurzer Fußweg über die Brücke der Westendstraße zum Ausgangspunkt

ESSEN & ENTSPANNEN:
Café Gans am Wasser ❹ Siegenburger Straße 41, 81373 München, www.gansamwasser.de
Wirtshaus am Rosengarten ❿ mit Steckerlfischstand, Westendstraße 305, 81377 München, Tel. (0 89) 57 86 93 00, www.wirtshausamrosengarten.de

ENTDECKEN & ERLEBEN:
Guten-Tag-Brunnen ❶
Sardenhaus ❷
Mollsee ❸
Bayerwaldhaus ❺
Chinagarten ❻
Buddha-Statue ❼
Japangarten ❽
Hochwiesenhaus ❾

Panoramatour 5

Lust auf ein ausgiebiges Naturbad? Da bieten sich die Aubinger Lohe, ein Waldgebiet auf einem Hügel am westlichen Rand Münchens, und die Moosschwaige mit Wiesen, Weihern und Feldern an.

Wir starten am Kinderhaus Lochhausen in der **Ziegeleistraße** am Rand der Aubinger Lohe. Die ehemalige

In Natur baden
Aubinger Lohe und Moosschwaige

Ziegeleivilla lassen wir links liegen, passieren kurz darauf die Tennisanlage des **SV Lochhausen** und biegen an zwei versetzt stehenden Wegsperren links auf einen schmalen **Fuß- und Radweg** ein. Nach wenigen Metern sehen wir auf der linken Seite den ersten von zwei Ziegelweihern, die durch eine Landbrücke getrennt sind. Während der erste sich offen an eine Wiese schmiegt, ist der zweite **Ziegelweiher** ❶ dank eines dichten Schilfgürtels kaum zugänglich. Eine große Schwimmblattzone bedeckt sein Wasser, der Uferbereich ist von ei-

Vom Schilf umrahmter Ziegelweiher

Panoramatour 5

nem schmalen Streifen Röhricht gesäumt. Im Hintergrund trägt der kronenreiche Mischwald sein herbstfarbenes Kleid. Wie schön, dass am Wegesrand eine Parkbank steht, von der aus wir die idyllische Kulisse minutenlang verinnerlichen.

Gut 50 Meter weiter verlassen wir den Hauptweg nach links auf einem sanft abfallenden, anfänglich von Sträuchern flankierten Pfad, der uns auf eine große sattgrüne Wiese bringt. Darauf befindet sich ein von Laubbäumen gekrönter **Hügel** ❷ – an schneereichen Wintertagen ein beliebter Rodelberg. Vor uns zieht sich ein deutlich sichtbarer Trampelpfad schnurgerade die Wiese entlang und den Hügel hinauf. Was wie eine leichte Übung aussieht, entpuppt sich schnell als kleine Herausforderung. Während des Aufstiegs rutschen wir trotz festen Schuhwerks zweimal weg – dabei wirkte der Hügel aus der Distanz so harmlos. Wer die Kraftanstrengung vermeiden will, bleibt auf dem Hauptweg und nähert sich dem Hügel in einem moderat ansteigenden weiten Linksbogen an.

Von oben haben wir einen herrlichen Blick über diesen Teil der Lohe. Wer das Panorama länger genießen will: Zwei Bänke stehen seitlich des Hügelkamms bereit. Wir gehen daran vorbei zurück auf den Gehweg, der sich nun leicht neigt. An einer Weggabelung mit einem **Landschaftsschutzgebiet**-Schild wenden wir uns nach rechts und biegen nach weiteren 100 Me-

Vom Laubbäumen gekrönter Hügel

Aubinger Lohe und Moosschwaige

tern wieder nach rechts in den **Burgstallweg,** dem wir ein ganzes Stück durch lichten Mischwald bis zu einer T-Kreuzung folgen. Hier halten wir uns links, um kurz darauf nach rechts in das **Moossteig-Geräumt** einzubiegen. Es führt vorbei an dunklem, dichtem Fichtenbestand und hellen Lichtungen mit Bänken bis zum Aubinger-Loh-Weg. Wir wenden uns zunächst nach

Für die Seele

Der abwechslungsreiche Weg führt durch ein kleines Waldgebiet und die verschwiegenen Moosschwaiger Wiesen, vorbei an Bächen und idyllischen Weihern.

Landschaftsschutzgebiet

links, 200 Meter später nach rechts ins Pfannenstiel-Geräumt, um nach weiteren 200 Metern links in einen schmalen Waldweg abzubiegen. Dieser weitet sich im Verlauf etwas – schweres Forstgerät hat tiefe Reifenprofile im vom Regen aufgeweichten Boden hinterlassen. Kurz darauf versperren uns zwei entwurzelte Bäume den Weg, weiträumig gehen wir seitlich um sie herum. Rechts von uns meinen wir die Reste eines rechteckigen Walls zu erkennen. Offensichtlich die **Keltenschanze** ❸, die in den einschlägigen Landkarten hier hervorgehoben ist.

Viereckschanzen beziehungsweise Keltenschanzen werden ins 2. und 1. vorchristliche Jahrhundert datiert. Dabei handelt es sich um Reste eines viereckigen, von einem Wall umfriedeten Areals, das möglicherweise Standort eines keltischen Gutshofs war.

Panoramatour 5

Sodann folgen wir dem Weg in einem weiten Linksbogen durchs Gehölz. Bald treffen wir wieder auf den **Aubinger-Loh-Weg.** Er bringt uns nach rechts zur **Eichenauer Straße,** die parallel zur Bahntrasse München–Fürstenfeldbruck verläuft.

Wir verlassen das Waldgebiet, halten uns rechts und überqueren kurz darauf Straße und Gleise an einem beschrankten Bahnübergang. Vor uns entfaltet sich ein breiter Teppich aus Wiesen und Feldern, am Horizont blinzelt der Alpenkamm. Auf einem breiten, schotterigen Wirtschaftsweg gehen wir zur 2020 geweihten schlichten **Holzknechte-Kapelle** ❹. Neben ihrem wuchtigen Altar beeindruckt insbesondere das kreuzförmige Glasfenster, in dem eine Jesus-Figur zu schweben scheint. Nachmittags entstehen durch das einfallende Sonnenlicht besonders reizvolle Effekte.

Wir lassen die Kapelle nach einer kurzen Rast links liegen und folgen dem **Moosschwaiger Weg,** der nach dem etwas abseits und einsam gelegenen Gut Moosschwaige benannt ist. Wo er scharf links abzweigt, gehen wir nach rechts – zur Linken eine umzäunte Viehweide, zur Rechten eine Baumzeile – bis zum Waldrand. Hier wenden wir uns nach links und kommen am Zaun entlang zu einer T-Kreuzung. Nach rechts gelangen wir über einen sich zunehmend verjüngenden Weg an die Kopfseite eines herrlichen Biotops. Doch was wie ein

Die aus Weißtannen- und Zirbenholz gefertigte Holzknechte-Kapelle wurde von den „Aubinger Holzknechten", einer Gruppe von Landwirten, als Dank für ein gutes Leben errichtet. Den Altar hat die Holzbildhauerin Pia Eisenhut aus einem 700 Kilo schweren Eschenstamm geschnitzt.

Holzknechte-Kapelle

Aubinger Lohe und Moosschwaige

vom Erlbach gespeister Weiher anmutet, sich auch **Moosschwaiger Weiher 5** nennt, ist eine Reihe ehemaliger Fischteiche – heute ein bedeutendes Rückzugsgebiet von Vögeln, Insekten und Amphibien. Das von einem breiten Schilfgürtel gesäumte Gewässer ist ein wahres Kleinod. Auf einer Bank genießen wir die Naturschönheit, die vollkommene Stille des Augenblicks.

Ein Stück weit folgen wir dem Erlbach, aus dem immer wieder langblättrige, buschige Gräser wie grüne Fontänen herausragen. Im Bach liegt eine Biberburg. Den Nager bekommen wir zwar nicht zu Gesicht, dafür aber seine Knabberspuren. Wo sich der Wald wieder öffnet und Wiesen und Feldern weiten Raum gewährt, biegen wir links in einen Wirtschaftsweg ein, der zur Linken von einer Baumzeile alleeartig flankiert ist und am Ende auf den Speckbach trifft, dem wir nach rechts bis an die Bahntrasse folgen.

Kleiner Böhmerweiher

Wo der Bach die Bahnlinie unterquert, gehen wir links am Fuß der Trasse entlang bis an den Ortsrand von Puchheim. Nach Süden erhaschen wir einen weiteren Blick auf das breite Alpenband, das sich hinter einem milchigen Schleier auftürmt. Als wir auf den Gröbenbach stoßen, folgen wir ihm unter der Bahntrasse hindurch (Achtung: Kopf einziehen!) und am östlichen Rand eines Gewerbegebiets vorbei. Nach 600 Metern wechseln wir über einen Metallsteg die Uferseite und wenden uns sogleich nach rechts. Wenige Minuten später streifen wir zwei Baggerseen: erst den **Großen Böhmerweiher**, darin kann man baden und angeln, dann den **Kleinen Böhmerweiher 6**, ein Biotop.

Der Kleine Böhmerweiher ist nur 1,5 Hektar groß, von Schilfgürteln und Gräsern ummantelt und schwer zugänglich. Dank dieser natürlichen Barriere hat sich der See mittlerweile zu einem wertvollen Lebensraum für bedrohte Tiere und Pflanzen gemausert.

Wir verlassen den Kleinen Weiher bei der ersten Möglichkeit nach rechts. Über den beschilderten **Johann-Bilnk-Weg** gelangen wir durch eine Kleingartenanlage und an einem Reitzentrum vorbei auf den **Krä-**

Panoramatour 5

henweg, in den wir links einbiegen. 300 Meter weiter schwenken wir rechts in einen **Fuß- und Fahrradweg.** Nach knapp einem Kilometer stoßen wir an der **Bienenheimstraße** auf eine T-Kreuzung. Zur Rechten liegt das Vereinsgelände des NK Dinamo München und gleich daneben die **Waldwirtschaft Bienenheim** ❼, 2019 vom Slow Food Genussführer empfohlen.

Zwischen Sport- und Bienenheim gehen wir den zunächst leicht ansteigenden **Karl-Harz-Weg** hinauf, den wir kurz nach einer 90-Grad-Linkskurve nach rechts auf einen schmalen Waldweg verlassen. Der bringt uns über den Parkplatz an der Tennisanlage des SV Lochhausen zum Ausgangspunkt am Kinderhaus zurück. Und wir fühlen uns nach diesem Naturbad erholt und erfrischt.

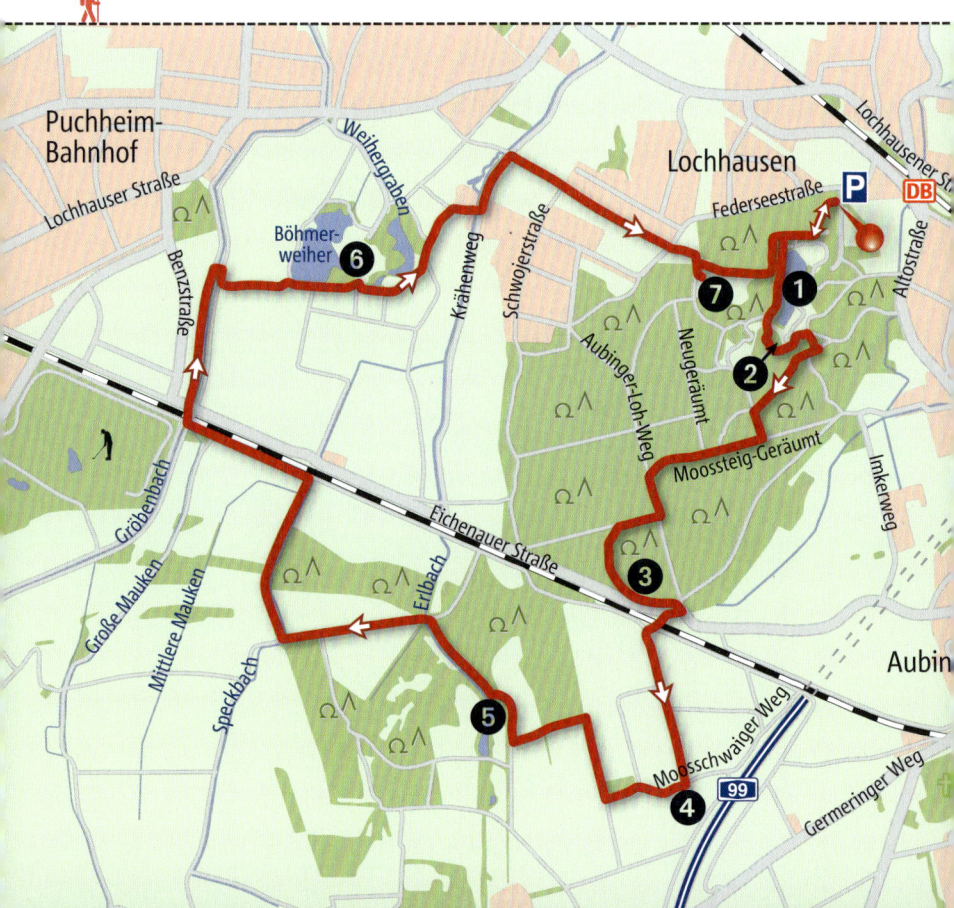

Alles auf einen Blick

WIE & WANN:
Befestigte Park-, Forst- und Wiesenwege; ganzjährig möglich, bei Regen weichen einige Wege auf. Unbedingt festes Schuhwerk tragen.

HIN & WEG:
Auto: Parkmöglichkeit am Kinderhaus Lochhausen e. V., Ziegeleistraße 10, 81249 München (GPS: 48.175834, 11.403396)

Entspannung ✷✷✷✷✷
Genuss ✷✷✷✷✷
Romantik ✷✷✷✷✷

ÖPNV: S 3 bis Lochhausen; ca. 5 Min. Fußweg zum Ausgangspunkt über Ziegeleistraße

ESSEN & ENTSPANNEN:
Waldwirtschaft Bienenheim ❼ Bienenheimstraße 11, 81249 München, Tel. (0 89) 89 55 59 27, www.waldwirtschaft-bienenheim.de

ENTDECKEN & ERLEBEN:
Ziegelweiher ❶
Hügel (winters Rodelberg) ❷
Keltenschanze ❸
Holzknechte-Kapelle ❹
Moosschwaiger Weiher ❺
Großer und Kleiner Böhmerweiher ❻

Blick auf den Egglburger See

- 8,1 Kilometer
- 150 Höhenmeter
- 2 Stunden
- Rundweg

Panoramatour 6

Der Ebersberger Forst ist eines der größten zusammenhängenden Waldgebiete Deutschlands. Unsere Tour streift ihn und führt uns zur Ludwigshöhe, dem mit 617 Metern höchsten Punkt Ebersbergs, mit ihrem Aussichtsturm.

Wir starten am **Wirtshaus zur Gass ❶**. Im Hintergrund

Perle der Natur
Vom Egglburger See zur Ludwigshöhe

ist bereits der Egglburger See zu sehen, der gut einen Kilometer lang und maximal 400 Meter breit ist. Vor dem Lokal mit seinem kleinen Biergarten halten wir uns links und passieren nach wenigen Metern eines von insgesamt 46 **Feldkreuzen ❷**, die sich übers gesamte Gemeindegebiet der Kreisstadt Ebersberg verteilen. Die Bretter an der Rückwand des Kreuzes sind strahlenförmig angeordnet und verleihen so der geschnitzten Christusfigur eine besondere Aura.

Der bisher asphaltierte Weg geht in einen Wiesenpfad über, der uns über weitläufige Streuwiesen führt und dann zum Kirchberg leicht ansteigt. Auf dem Hügel steht, von Buchen flankiert, ein Kirchlein. Nach dem Anstieg, der am Rand des Buchenwäldchens entlangführt, treffen wir auf eine Straße. Sie verbindet die Häuser und Höfe des zur Linken liegenden Weilers Vorderegglburg mit dem noch nicht sichtbaren Hinteregglburg zur Rechten. Kurz vor der Straße wenden wir uns scharf nach rechts und nutzen eine in den Waldboden getriebene Treppe, deren Stufen teilweise von starkem Wurzelwerk durchfurcht sind. So gelangen wir hinauf zur **Filialkirche St. Michael ❸**.

Fast 700 Feldkreuze finden sich im Landkreis Ebersberg, 46 davon stehen auf dem Gemeindegebiet der Kreisstadt. Eine kostenlose Broschüre (www.ebersberg.de/fileadmin/ebersberg/PDF_zum_Herunterladen/Feldkreuze-EBE-Broschuere.pdf) erzählt über sie.

Panoramatour 6

Beschauliche Feldlandschaft

Aus historischen Urkunden (Ebersberger Cartula) geht hervor, dass um 1040 Teile einer Pfarrei, die zur Kirche St. Michael in „Eckilinpurc" gehörten, an Ebersberg fielen. Die Grundmauern der Kirche reichen vermutlich bis in diese Zeit zurück.

Deren Hof betreten wir durch ein kleines schmiedeeisernes Tor, das aus der Ebersberger Kunstschmiede Bergmeister stammt. Wir umrunden die Kirche und genießen die Aussicht über die Kirchenmauer hinweg auf die umliegenden Wiesen und Felder. Dann verlassen wir das Gelände durch ein weiteres Tor aus dem Hause Bergmeister und gehen zwischen Viehweiden, mit Blick auf den Egglburger See, hinab nach **Hinteregglburg.** Dort stoßen wir sogleich auf eine **Holzhütte** ❹, die der angrenzende Rothbauernhof als Selbstbedienungsladen betreibt. Er bietet Erzeugnisse aus ökologischem Landbau an, beispielsweise Biokartoffeln.

Wir durchqueren Hinteregglburg und passieren einen Kuhstall mit Offenbereich, in dem sich einige Milchkühe die Sonne aufs braun gefleckte Fell scheinen lassen. Rund 100 Meter nach dem letzten Haus biegen wir an einem Abzweig nach rechts und bewegen uns direkt auf den See zu, den wir samt seinen kleinen, schilfbewachsenen Inseln von hier aus vollständig überblicken können. Schon bald folgt ein Linksschwenk, der über Wiesen parallel zum See in

Vom Egglburger See zur Ludwigshöhe

den Wald führt. Wiederholt ermahnen uns Hinweisschilder, auf den Wegen zu bleiben, weil sich abseits davon Schutzzonen für Wiesenbrüter befinden. Im Wald folgen wir dem Wegweiser in Richtung **Aussichtsturm Ebersberg.**

Kurz danach berührt der Weg das Seeufer. Wir lassen uns auf einer Bank aus massivem Holz nieder, die

 ## Für die Seele

Der Egglburger See, die satten Streuwiesen, die idyllische Weiherkette im Ebrachtal, das herrliche Alpenpanorama – Natur pur, Ruhekur zum Krafttanken.

Wildromantisches Panorama

einen einmaligen Blick über das Wasser erlaubt, schauen auch zurück zum Kirchlein St. Michael, das sich mit seinem Zwiebelturm vor der Baumkulisse gut abhebt. Abgesehen von einzelnen Spaziergängern, die das Herbstlaub unter ihren Füßen rascheln lassen, herrscht eine wohltuende Stille. Immer wieder sendet die Sonne aus den Wolken Strahlen hernieder, als hätten sie Kinder mit dicken Buntstiften gemalt.

Panoramatour 6

Hochsitz

Wir gehen weiter. Der nun schmaler werdende Weg führt in Ufernähe an Bäumen, Sträuchern, Schilfflächen und Streuwiesen vorbei, bevor er sich nach einer keinen Waldpassage zunehmend vom See entfernt. Wir treten aus dem Wald heraus, queren eine Wiese, halten kurz inne und lassen den Blick über Wiesen und Felder hinweg noch einmal zum Egglburger See schweifen. Nach Süden hat man bei klarer Sicht einen fantastischen Blick auf die Alpenkette.

Von nun an verläuft der Weg am Waldrand entlang. Nach einem kleinen Anstieg treffen wir auf einen Stichweg. Er würde uns nach rechts über Ziegelhof und die denkmalgeschützte (!), vom Kloster Ebersberg im 18. Jahrhundert angelegte Eichenallee zum Ausgangspunkt der Tour am Wirtshaus zur Gass bringen.

Wir orientieren uns hingegen nach links, um nach wenigen Schritten rechts über einen Feldweg in den Wald zu gelangen. Nach rund 400 Metern queren wir die asphaltierte Straße Egglsee, die zur Linken in einer Hofeinfahrt endet. Etwas unterhalb auf der rechten Seite ist ein weiteres Gehöft zu sehen. Daneben erhebt sich in der Ferne der quadratische Glockenturm der Kirche St. Sebastian über die Baumwipfel. Die heutige Ebersberger Pfarrkirche war bis 1808 Klosterkirche des Klosters Ebersberg.

Wir setzen unseren Weg am Waldrand entlang fort, bis wir auf eine dachförmige, 50 bis 60 Meter lange hölzerne „Leitplanke" treffen. An deren Ende biegen wir scharf nach links, um nach einer lang gezogenen Rechtskurve – zunächst leicht abfallend, dann wieder ansteigend – auf einem schmalen Wiesenpfad zu landen. Inmitten des Grünlandes steht ein einzelner Nadelbaum, in dessen Schatten sich ein Hochsitz

Vom Egglburger See zur Ludwigshöhe

befindet. Dahinter ist wieder der Turm von St. Sebastian zu sehen, der die Dächer von Ebersberg überragt. Nach einem kurzen Gefälle, das sich bei Feuchtigkeit leicht in eine Rutschbahn verwandelt, bleiben wir auf dem Pfad, um bei der zweiten Gelegenheit wieder in den Forst einzutauchen. Unmittelbar nach einer überdachten **Schutzhütte** folgen wir den zwei rechts an einem Baum sichtbaren Wegzeichen nach links: Unter einem grünen Schild mit weißem Richtungspfeil und **stilisiertem** Wanderer findet sich eine **weiß-rote Markierung,** die auf eine schmalere, steilere und weitgehend unbefestigte Passage hinweist. Über teils armdickes Wurzelwerk steigen wir auf dem von mächtigen Bäumen gesäumten Weg serpentinenartig einen Hügel hinauf. Nach gut 50 Höhenmetern erkennen wir zwischen den vom herbstlichen Blätterkleid befreiten Bäumen die Konturen eines **Aussichtsturms ❺**. Wer dessen 169 Stufen überwindet, wird mit einem spektakulären Fernblick belohnt, der von den Berchtesgadener Alpen bis zum Allgäu reicht. Lediglich im Winter ist uns der Zutritt verwehrt, „vom ersten bis zum letzten Frost", so die Anordnung der Stadt Ebersberg.

Unterhalb des Aussichtsturms befindet sich eine Plattform mit Bänken samt malerischem Blick auf

Aussichtsturm

Spektakuläre Aussicht auf Ebersberg

Vom Egglburger See zur Ludwigshöhe

Ebersberg vor der Kulisse der Alpenkette, außerdem eine **Bronzebüste** von **Joseph Freiherr von Eichendorff** (1788 bis 1857) **6**, dem Dichter der deutschen Romantik. Das Denkmal hat 1959 die Landsmannschaft der Schlesier gestiftet, als Dank an die Ebersberger Bürger, die ihnen nach Flucht und Vertreibung Hilfe gewährt hatten.

Seitlich gelangen wir über einige Stufen auf die **Heldenallee** **7**, die sich von der Ludwigshöhe bis in die Nähe des Klostersees erstreckt. Sie erinnert an die 84 Soldaten aus Ebersberg, die im Ersten Weltkrieg fielen. An jedem Baum hängt ein Namensschild mit Geburts- und Todestag sowie -ort.

Seeweberweiher

Nach wenigen Metern passieren wir die **Ebersberger Alm** **8**, in der Nachbarschaft befindet sich das **Museum Wald und Umwelt** **9**.

Wir gehen weiter die **Heldenallee** hinab und überqueren die Straße Ludwigshöhe, wo wir auf ein zweites **Feldkreuz** **10** mit einem halbkreisförmigen Kupferblechdach treffen. Am Ende der Allee stoßen wir auf die Querstraße **Am Priel,** in die wir zunächst links einbiegen. Nach wenigen Schritten folgen wir dem Wegweiser Richtung **Egglburger See** rechts über den Parkplatz des **Hotels Seeluna** zum **Klostersee** hinunter. Sommers bietet sich das dortige **Strandbad** **11** mit schönen Liegewiesen, einigen Stegen, einer Badeinsel samt Sprungturm und dem gemütlichen **Seecafé am Klostersee** für einen erfrischenden Zwischenstopp an.

Ansonsten lassen wir das Strandbad links liegen und bleiben auf der Straße Am Priel, die weiter durchs liebliche Ebrachtal führt. Die Ebrach ist der Abfluss des Egglburger Sees, der die **Ebersberger Weiherkette** **12** speist und durchfließt. Unmittelbar auf den Klostersee folgt der **Kleine Weiher,** nach weiteren 100 Metern

Im Museum Wald und Umwelt auf der Ludwigshöhe bietet sich die Gelegenheit, die Geschichte des Waldes und seine Nutzung besser kennenzulernen. Neben den Ausstellungen gibt es auch ein begehbares Freigelände mit einem interessanten Erlebnispfad.

Panoramatour 6

der **Langweiher.** Wir folgen dem Uferweg am fischreichen Langweiher. Gleich zu Beginn gibt eine **Infotafel** Auskunft über die Fauna dieses Gewässers. Nach 400 Metern führt uns der Weg über eine Streuwiese. Sie wird zur Linken von einem Schilfgürtel flankiert, durch den die Ebrach – nicht sicht-, aber hörbar – fließt. Nachdem wir den **Seeweberhof** mit seiner großflächigen Lüftlmalerei und den gleichnamigen Weiher passiert haben, treffen wir auf die asphaltierte Straße **Egglsee.** Rechter Hand sehen wir die bereits erwähnte denkmalgeschützte **Eichenallee.** Wir gehen links und gelangen nach einem kleinen Anstieg erneut zum **Wirtshaus zur Gass** und damit zum Start- und Zielpunkt der Tour.

Alles auf einen Blick

WIE & WANN:
Überwiegend Wald-, Wiesen- und Wirtschaftswege sowie asphaltierte Streckenabschnitte; einige kleinere steile Aufstiege und Gefälle, Wanderstöcke und festes Schuhwerk ratsam; von Frühjahr bis Herbst gangbar, je nach Schneemenge auch im Winter; bei ausreichend Schnee sind teilweise Loipen gespurt

Entspannung ✦✦✦✦✦
Genuss ✦✦✦✦✦
Romantik ✦✦✦✦✦

HIN & WEG:
Auto: Parken am Straßenrand Zur Gass zwischen den gekennzeichneten Halteverbotszonen oder an der Münchener Straße, 85560 Ebersberg (GPS: 48.074227, 11.949358)
ÖPNV: RB 48, S 4 oder S 6 bis Ebersberg, 20 Min. Fußweg zum Ausgangspunkt über Doktor-Wintrich-Straße, Schwedenanger, Münchener Straße

ESSEN & ENTSPANNEN:
Wirtshaus zur Gass ❶ Egglsee 3, 85560 Ebersberg, Tel. (0 80 92) 2 15 58, www.zurgass.de
Holzhütte mit Erzeugnissen aus ökologischem Anbau ❹
Ebersberger Alm ❽ Ludwigshöhe 3, 85560 Ebersberg,
Tel. (0 80 92) 29 11, www.ebersberger-alm.de
Seecafé am Klostersee ⓫ Am Priel 6, 85560 Ebersberg,
Tel. (0 80 92) 2 30 27 87

ENTDECKEN & ERLEBEN:
Feldkreuz ❷   Filialkirche St. Michael ❸
Aussichtsturm ❺   Bronzebüste Joseph Freiherr von Eichendorff ❻
Heldenallee ❼
Museum Wald und Umwelt ❾ www.museumwaldundumwelt.de
Feldkreuz ❿
Strandbad Klostersee ⓫
Ebersberger Weiherkette ⓬

- ❄ 11,5 Kilometer
- ❄ 80 Höhenmeter
- ❄ 2,5 Stunden
- ❄ Strecke

Durch den Wald, von der Würm flankiert

Panoramatour 7

Unsere Wanderung beginnt in der **Leutstettener Straße** in Gauting. Unmittelbar nach der **Pizzeria Cosa Nostra** kommen wir an einem kleinen **Amphibienschutzgebiet ❶** vorbei, das sich zwischen der asphaltierten Straße und der Würm erstreckt. In dem Biotop, das wir nicht betreten dürfen, finden Frösche ideale Bedingungen vor,

Leutstettener Moos
Durchs verwunschene Würmtal

um ihre Laichballen im Wasser abzulegen. Da sie vorwiegend während der Paarungszeit ihre Stimme erheben, dürften hier zwischen April und Juni beeindruckende Quakkonzerte über die Bühne gehen. Kurz darauf passieren wir die auf der anderen Seite des Würmufers gelegene **Reismühle ❷,** in der angeblich der mittelalterliche Kaiser Karl der Große geboren wurde. Heute beherbergt sie Künstlerateliers.

Sodann erhaschen wir erstmals einen freien Blick auf das Flüsschen Würm, das an dieser Stelle besonders kurvenreich durchs Weideland mäandert. Wir folgen der Straße über freies Gelände und durch eine lang gezogene Linkskurve, tauchen dann in den Wald ein. Die Würm schlängelt sich ständig zu unserer Rechten – mal auf Abstand, dann wieder ganz nah.

Nach gut 500 Metern weitet sich das Flussbett der Würm zu einem **Weiher ❸** mit buschigen Auen. Das Wasser ist flach und wirkt träge, eine Strömung ist nicht auszumachen. Mehrere kleine Bauminseln durchziehen die Würm, einige Uferabschnitte sind beschilft. Die Kulisse erinnert an Szenen aus Hollywoodfilmen, die im Sumpfgebiet des Mississippi-Deltas spielen.

Panoramatour 7

Die Alpen zeichnen sich am Horizont ab

Mit diesen nachhaltigen Eindrücken ziehen wir weiter. Schon bald kommen wir am Gelände des **Reit- und Fahrvereins Gauting e. V.** vorbei, einer Sportanlage mit Reitplätzen, Stallungen und Longierplatz. Im weiteren Verlauf bis Leutstetten schließt sich das Tal zunehmend, sodass die unmittelbare Umgebung immer näher an uns heranrückt. Der Waldweg verjüngt sich, er wird zur schmalen Grenzlinie zwischen dem reich mit Bäumen bewachsenen Endmoränenhügel zur Linken und dem leicht gewellten Ufer zur Rechten. Nachdem uns die Würm in einer Schleife um den Schlossberg herumgeführt hat, stoßen wir nach gut einem Kilometer auf eine Brücke, die über das Flüsschen zur Staatsstraße 2063 führt. Folgten wir dem Hauptweg geradeaus, würden wir nach einem Kilometer das an der Würm gelegene **Forsthaus Mühltal** ❹ mit seinem Biergarten erreichen.

Wir wenden uns an der Brücke zunächst nach links. Es geht aufwärts. Bei nächster Gelegenheit folgen wir dem Wegweiser nach **Leutstetten.** Fortan zieht sich der Forstweg über anderthalb Kilometer gemächlich ansteigend die sogenannte Mühlthaler Leite hinauf – „Leite" ist ein bairischer Ausdruck für Hang.

Durchs verwunschene Würmtal

Lediglich auf den letzten Metern bis zur Kuppe wird es steiler. Wir überqueren die Höhe und treten auf der anderen Seite aus dem Wald heraus. Vor uns liegt eine Bodensenke mit Wirtschafts- und Weideflächen. Hinter der gegenüberliegenden **Kuppe 5** sind am Horizont die Alpen zu sehen. Über eine Wiese geht es hinab, dann an Weidezäunen entlang wieder aufwärts.

 Für die Seele

Die Ursprünglichkeit der Würm, das wundervolle Alpenpanorama, satte Streuwiesen, eine einmalige Moorlandschaft – diese Vielfalt lässt uns demütig staunen.

Kirche St. Alto

Oben angelangt, halten wir inne und genießen einen wunderschönen Fernblick, der bei klarem Wetter sogar die Zugspitze ins Sichtfeld rückt. Dann geht es über einen schmalen Pfad hinab nach **Leutstetten.** Das Dorf wurde um 800 erstmals urkundlich erwähnt und ist damit gut 400 Jahre älter als die Kreisstadt Starnberg, deren Ortsteil es seit 1978 ist. Schon bald kommen die ersten Dächer aus der Deckung, dazwischen erhebt sich der Zwiebelturm der Kirche St. Alto.

Der Pfad endet an der **Schlossgaststätte Leutstetten 6,** die sich im Besitz des Hauses Wittelsbach befindet, eines der ältesten deutschen Hochadelsgeschlechter. Ihm entstammten die bayerischen Kurfürsten und Könige, darunter Märchenkönig Ludwig II. Das gemütliche Lokal mit seiner pittoresken Gaststube, die Sonnenterrasse und der von mächtigen Kastanien beschattete Biergarten wirken so einladend, dass wir der Verlockung erliegen.

Panoramatour 7

St. Alto Leutstetten ist dem heiligen Alto geweiht, der im 8. Jahrhundert bei Dachau als Einsiedler lebte und das Kloster Altomünster gründete. Bemerkenswert sind das Relief am linken Seitenaltar, ein römischer Grabstein und ein Votivbild der drei heiligen Frauen.

Das Leutstettener Moos, eine Landschaft mit Wäldchen, Streuwiesen, Bächen, Sumpf- und Moorflächen, bietet vielen gefährdeten Pflanzenarten geschützten Lebensraum. Sein Ursprung ist eine verlandete einstige Nordbucht des Starnberger Sees.

Nach der Einkehr gehen wir zur **Altostraße,** rechter Hand ist die im romanischen Stil erbaute kleine **Kirche St. Alto** ❼ zu sehen.

Wir halten uns links, um kurz darauf nach rechts in die **Wangener Straße** einzubiegen, dem Wegweiser Richtung **Percha** und **Villa Rustica** folgend.

Nach gut 500 Metern treffen wir an einem Abzweig auf ein **Wegkreuz,** das wir links liegen lassen (Wegweiser: **Radweg Starnberg/Villa Rustica**). Auf Höhe der letzten Häuser Leutstettens geht der anfänglich noch asphaltierte Weg in einen befestigten Wirtschaftsweg über. Vor uns breitet sich zur Rechten das Leutstettener Moos mit seinen Wiesen aus, das 1980 zum Naturschutzgebiet erklärt wurde.

Ebenfalls auf der rechten Seite, mit bloßem Auge nicht zu erkennen, fließt in einiger Entfernung die Würm dem Mühltal entgegen.

Nach rund 800 Metern erreichen wir kurz vor einem Wald die **Villa Rustica** ❽**.** Anfang 2002 hat man an dieser Stelle die Reste eines römischen Gutshofes aus dem 2. Jahrhundert nach Christus entdeckt. Der rekonstruierte Grundriss lässt die Dimensionen des Gebäudes erkennen. In einem Glaspavillon, vor äußeren

Leutstettener Moos

Durchs verwunschene Würmtal

Villa Rustica

Einflüssen geschützt, finden wir eine erstaunlich gut erhaltene Fußbodenheizung und Wanne. Auch weitere Fundstücke sind ausgestellt, dazu die Nachbildung des römischen Grabsteins, der in der Kirche St. Alto unter einem Seitenaltar in die Wand eingemauert ist. Von der Villa blicken wir aus leicht erhöhter Position über die Mooswiesen bis nach Leutstetten. Bänke laden zum Verweilen ein. Mit ein wenig Fantasie beamen wir uns 2000 Jahre zurück: Der Gutsherr, ein Veteran der römischen Armee, zeigt uns stolz seinen Hof samt Nebengebäuden und Stallungen in Ufernähe des Starnberger Sees. Dessen Wasserspiegel lag damals noch um einiges höher. Es gibt noch keinen angrenzenden Wald, sodass uns ein einmaliger Seeblick mit sagenhaftem Alpenpanorama erfreut. Dazu wird Wein mit etwas Obst und Käse serviert – eine reizvolle Vorstellung.

Holzbohlensteig

Durchs verwunschene Würmtal

Nach dieser kleinen Fantasiereise kehren wir zum Hauptweg zurück und gelangen über eine schmale Holzbrücke in den Wald. Kurz darauf halten wir uns an einer Wegkreuzung rechts und queren zunächst ein beidseitig geschlossenes Band mit Fichtenbestand, das sich später teilweise lichtet. Nach gut 700 Metern treffen wir auf den Röhrlbach, der sich aus den umliegenden Moorflächen speist und weiter rechts in die Würm mündet. An dieser Stelle geht der Waldweg in einen Holzbohlensteig über, der uns trockenen Fußes übers Moos geleitet. Seitlich des Steigs hat sich das Wasser ein wenig gestaut, Schilf- und Rohrkolben ragen daraus hervor, vereinzelte Birken ergänzen das Bild.

Nachdem wir einen zweiten Holzbohlensteig überquert haben, treten wir aus dem Wald heraus. Vor uns liegen die ersten Wohnhäuser von **Percha,** zur Rechten die **Orchideenwiese** ❾. Zwischen Mai und Juli/August werden die Blüten dieser Pflanze die Wiese wieder in ein buntes Farbenmeer aus Weiß-, Grün-, Blau-, Rot- und Gelbtönen verwandeln.

Romantische Kulisse

Wir wandern weiter auf dem asphaltierten **Birkenweg,** der nahtlos in die **Heimatshausener Straße** übergeht. Am Ende wenden wir uns nach links, gehen unter der Autobahnbrücke der A 952 hindurch und folgen der **Berger Straße** bis zur schmalen **Seestraße,** in die wir rechts einbiegen. Nach wenigen Minuten öffnet sich vor uns der Blick über den Starnberger See – nicht nur bei Sonnenuntergang eine Augenweide.

Nun geht es auf der kleinen **Nepomukbrücke** ❿ über

Panoramatour 7

Auf dem einstigen Werftgelände der Seenschifffahrt Starnberger See lädt seit 2016 der Bucentaurpark zur Erholung und Entspannung ein. Er bietet 5000 Quadratmeter Liegewiese, den Kinderspielplatz „Nepomuk", ein Beachvolleyballfeld und öffentliche Toiletten.

die Würm, die hier ihren Ausgang nimmt. Diese Zugbrücke öffnet sich, wenn ein Segelboot mit hohem Mast die Hafeneinfahrt passiert. Dann ertönt ein Warnton und wir müssen erst einmal warten.

Nun folgen wir dem Weg für knapp anderthalb Kilometer stets in Ufernähe bleibend bis zur Schiffsanlegestelle Starnberg an der Uferpromenade – vorbei am **Seebad Starnberg,** dem **Bayerischen Yacht-Club Starnberg**, dem **Bucentaurpark ⓫**, dem **Münchener Ruder-Club von 1880 e. V.** und dem **Strandcafé Starnberg ⓬**.

Gegenüber befindet sich der Bahnhof. Von dort fahren wir mit der S 6 zurück nach Gauting. Bis zum Ausgangspunkt der Wanderung in der Leutstettener Straße sind es nun noch rund anderthalb Kilometer über Bahnhofs- und Münchener Straße.

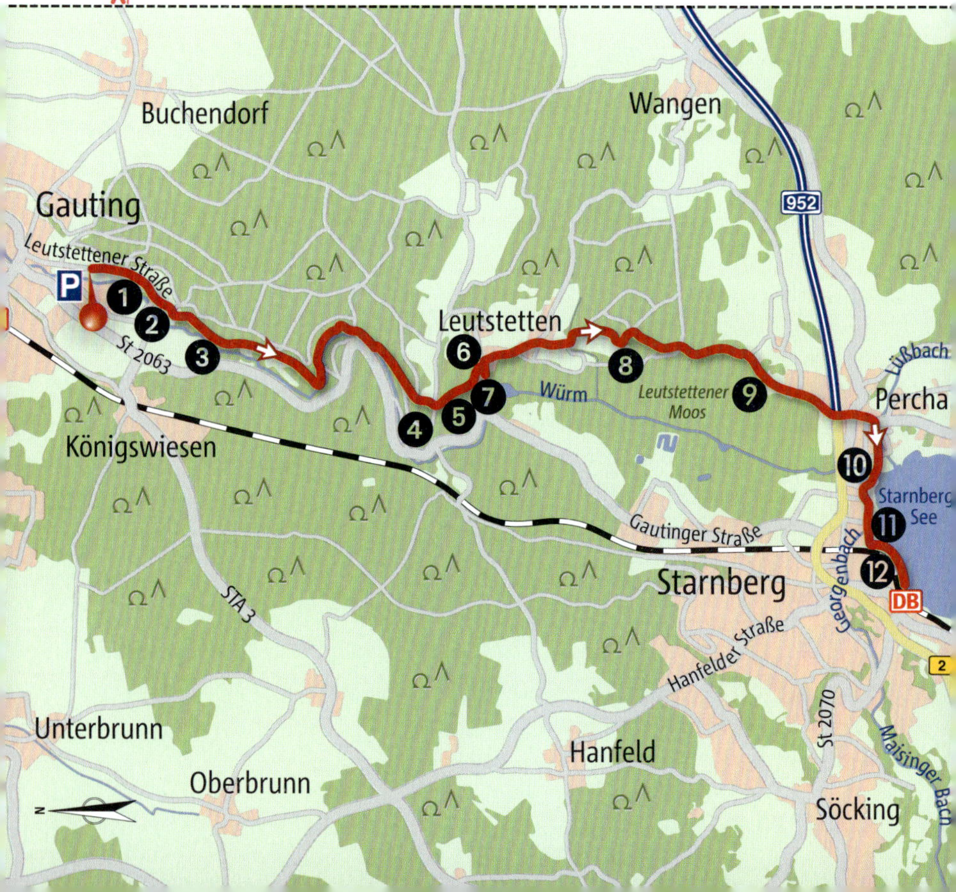

Alles auf einen Blick

WIE & WANN:
Asphaltierte Straßen, Wiesen-, Wald- und Forstwege sowie Holzbohlensteige; das ganze Jahr über ein Erlebnis!

HIN & WEG:
Auto: Parkmöglichkeiten in der Leutstettener Straße (kurz vor den Anlagen des Gautinger Sport- und Tennisvereins), 82131 Gauting (GPS: 48.062157, 11.380712)

Entspannung ★★★★★
Genuss ★★★★★
Romantik ★★★★★

ÖPNV: S 6 bis Gauting; 15 Min. Fußweg zum Ausgangspunkt über Bahnhofstraße, Münchener Straße, Leutstettener Straße (Mo.–Sa. alternativ Bus 936, 965 oder 968 von Gauting Bf bis Würmbrücke)
Rückkehr zum Ausgangspunkt ab Bf Starnberg mit S 6 Richtung Ebersberg bis Guting (alle 20 Min.); Fußweg oder Bus zum Ausgangspunkt

ESSEN & ENTSPANNEN:
Forsthaus Mühltal ❹ Mühltal 124, 82319 Starnberg,
Tel. (01 76) 80 20 54 97, www.forsthausmuehltal.eu
Schlossgaststätte Leutstetten ❻ Altostraße 11, 82319 Leutstetten,
Tel. (0 81 51) 81 56, www.schlossgaststaette-leutstetten.de
Strandcafé Starnberg ⓬ Seepromenade 4, 82319 Starnberg,
Tel. (0 81 51) 74 68 86, www.strandcafe-starnberg.de

ENTDECKEN & ERLEBEN:
Amphibienschutzgebiet ❶
Reismühle ❷   Weiher ❸
Kuppe mit herrlichem Alpenblick ❺
Kirche St. Alto ❼   Villa Rustica ❽
Orchideenwiese ❾   Nepomukbrücke ❿
Bucentaurpark ⓫

Panoramatour 8

Wer mal andere Wege als am Isarufer entlang oder durch den Englischen Garten erkunden will, für den stellt der Perlacher Forst eine willkommene Abwechslung dar. Obwohl auch er ein beliebtes Naherholungsgebiet ist, sind wir über weite Strecken allein unterwegs. Wir verlassen den Parkplatz am Perlacher Forst

Auf dem Gipfel
Erkundungen im Perlacher Forst

nach links übers **Perlach-Geräumt,** einen auf den ersten 1,8 Kilometern schnurgeraden Weg. Unterwegs queren wir – in dieser Reihenfolge – das Tannenzipfel-, das Harlachinger- und Winkelweg-Geräumt, bevor wir links in das **Mitter-Geräumt** abbiegen. Die Flurnamen der Geräumte sind an Kreuzungen in gelber Schrift auf grünem Grund an Bäumen gut sichtbar angebracht, fast wie auf Straßenschildern. Das erleichtert die Orientierung im Forst, der in einem strengen Raster in gleichmäßige Quadrate gegliedert ist.

Nun ist der **Perlacher Mugl** ❶ nicht mehr weit, die mit 26 Metern höchste Erhebung im Perlacher Forst. Ein beliebter Aussichtsberg, der sich im Winter in einen Rodelberg verwandelt. Nach 200 Metern verlassen wir das **Mitter-Geräumt** und gelangen auf der rechten Seite über einen schmalen, zunehmend ansteigenden Pfad den Hügel hinauf. Oben befindet sich ein kleiner **Pavillon** mit Sitzbänken. Einige **Informationstafeln** geben Auskunft über die regionale Wald- und Forstgeschichte, die Entstehung der Münchner Schotterebene, des „Perlacher Muggl" (er wird oft auch mit zwei g geschrieben) und den Wert des Waldes. Die Aussicht

Der Perlacher Forst ist mit seinen 13,4 Quadratkilometern das größte Naherholungsgebiet Münchens. Das Waldgebiet grenzt im Norden an die Landeshauptstadt, im Westen an Isar und Grünwald, im Süden an Oberhaching, im Osten an Unterhaching.

Seit geraumer Zeit wird der Perlacher Forst von einer Fichten-Monokultur zu einem widerstandsfähigeren Laubholz-Mischwald umgebaut. Der Wandel wurde massiv beschleunigt, nachdem seit 1990 mehrere Orkane im Forst verheerende Schäden angerichtet hatten.

Panoramatour 8

Wo heute der Mugl ist, war einst eine Hirschbrunftwiese. Später stand dort das Haus des königlichen Wildwärters. Gegen Ende des Zweiten Weltkriegs ging ein Flugabwehrgeschütz in Stellung. 1970 wurde der Platz mit dem Aushub des Autobahnbaus aufgeschüttet.

ist großartig, obwohl die Alpen am Horizont heute nur schemenhaft zu erkennen sind. Wie viel beeindruckender muss der Rundblick erst bei klarer Sicht sein. Eine Panoramakarte erteilt gebührenfreie Gipfelkunde, sodass wir erfahren, wo Dachstein, Hochfelln, Rotwand und Zugspitze in den Himmel ragen.

Wir verlassen den Mugl in die Richtung, aus der wir gekommen sind. Doch nur wenige Schritte nach dem Pavillon halten wir uns rechts und gelangen über einen leicht abschüssigen, zunächst von Laubbäumen überdachten Schotterpfad (Vorsicht: Rutschgefahr!) auf ein Freigelände. Wir folgen einem Wiesenweg und stoßen nach rund 100 Metern auf das **Jägersteig-Geräumt**, kurz darauf queren wir das Isar-Geräumt. Wir folgen dem Jägersteig-Geräumt, das nun den Charakter eines schmalen, seitlich eng von Bäumen flankierten Waldpfades annimmt. 8 Gehminuten später erreichen wir den **Hartmann-Stern,** wie ein Hinweisschild am Stamm einer Kiefer kundtut – hier kreuzen sich Jägersteig-Geräumt, Harthauser-Geräumt und Oberbiberger Strassl.

Wir halten uns links und folgen dem **Harthauser-Geräumt** 200 Meter weit bis zu einem Abzweig, an dem wir wiederum nach links in einen Waldweg abbiegen.

Vom Mugl hinab zum Jägersteig-Geräumt

Beeindruckendes Biotop

🌸 Für die Seele

Wir entdecken zwei idyllisch gelegene Biotope mit heimischen Amphibien. Und vom Mugl haben wir einen schönen Blick über den Forst bis zum Alpenkamm.

In einer sanften S-Kurve bringt er uns auf das Gelände einer ehemaligen Kiesgrube, heute ein **Biotop für heimische Amphibien** . In den kleinen Teichen herrscht – es ist Frühling – hektische Betriebsamkeit. Hunderte, nein, Tausende kleiner schwarzer Kaulquappen schwänzeln in Ufernähe umeinander, bilden buchstäblich zappelnde Ballen, einzelne lösen sich davon ab, um bei anderen wuseligen Haufen anzudocken. Welch ein dynamisches, aber – noch – stilles Spektakel. Spätestens im Sommer kann man hier einem vielstimmigen Freiluft-Quakkonzert lauschen. Mit etwas Glück sind sogar Molche zu beobachten. Auch Ringelnattern, ausgezeichnete Schwimmer und Taucher, mögen diesen Ort.

Panoramatour 8

In einer weiteren S-Kurve schlängelt sich der Waldweg zwischen zwei kleinen Gewässern hindurch und an einem beeindruckenden Ameisenhaufen vorbei, um kurz darauf auf das **Wörnbrunner-Geräumt** zu treffen. Wir biegen links ein und folgen dem Weg für anderthalb Kilometer immer geradeaus. Dabei queren wir das Isar-Geräumt, das Mitter-Geräumt und das Winkelweg-Geräumt – alle drei haben wir auf unserem Weg zum Perlacher Mugl schon einmal überschritten.

Plötzlich leuchtet uns aus der Ferne ein riesiger Schneeball an, der den Weg zu blockieren scheint. Je näher wir an das strahlend helle Objekt herankommen, desto mehr lösen sich seine Konturen von der Umgebung. Des Rätsels Lösung: Der vermeintliche Schneeball entpuppt sich als eine **Kultur-Birne ❸**. Ein Birnbaum mitten im Perlacher Forst – damit hätten wir nicht gerechnet. Und dann empfängt er uns auch noch in voller Blütenpracht, ein Meer aus weißen Kronblättern. Nach einem letzten Blick auf die weiße Schönheit geht's weiter – nach links aufs **Harlachinger-Geräumt.**

Nach 200 Metern fällt auf der linken Seite eine Wiese ins Auge, auf der uns neben Tischen und Bänken vor allem der **Hirschbrunnen ❹** interessiert, ein Holztrogbrunnen, aus dem Trinkwasser sprudelt. Allerdings stammt es nicht aus Quellen, sondern aus städtischen Trinkwasserleitungen. Der Name erinnert an den letzten, wohl 1914, im Perlacher Forst erlegten Hirschen. Gleich neben dem Brunnen befindet sich, von großen Nagelfluhsteinen und Sträuchern umfriedet, ein zweites, künstlich angelegtes Biotop, das ebenfalls von Amphibien als Ablaichplatz genutzt wird. Genauso wie der gut 10 Meter dahinterliegende Froschteich.

Wir gehen links vorbei und tauchen, einem schmalen Waldpfad folgend, in den Forst ein. Nach 220 Metern treffen wir auf das **Jägersteig-Geräumt,** auf das wir nach rechts einschwenken. Wir folgen ihm

Kultur-Birne im Perlacher Forst

Panoramatour 8

über eine Strecke von rund 700 Metern, überqueren zunächst das Harlachinger-Geräumt, dann das Tannenzipfel-Geräumt. Unterwegs schrecken wir zusammen, als Schüsse durch den Wald hallen. Im Nachhinein erfahren wir, dass wir einen hinter dichtem Baumbestand verborgenen Schießplatz passiert haben. Als wir zwischen den Bäumen hindurch die Autobahn A 995 vor uns sehen, biegen wir nach links auf einen schmalen Waldweg, der uns an der Autobahnausfahrt Unterhaching Nord vorbeiführt. Kurz darauf erreichen wir den Parkplatz, unsere Start- und Ziellinie. Sicher ist: Wir kommen wieder. Vom höchsten Gipfel im Perlacher Forst auf den höchsten Gipfel Deutschlands, die Zugspitze, zu schauen, klingt reizvoll.

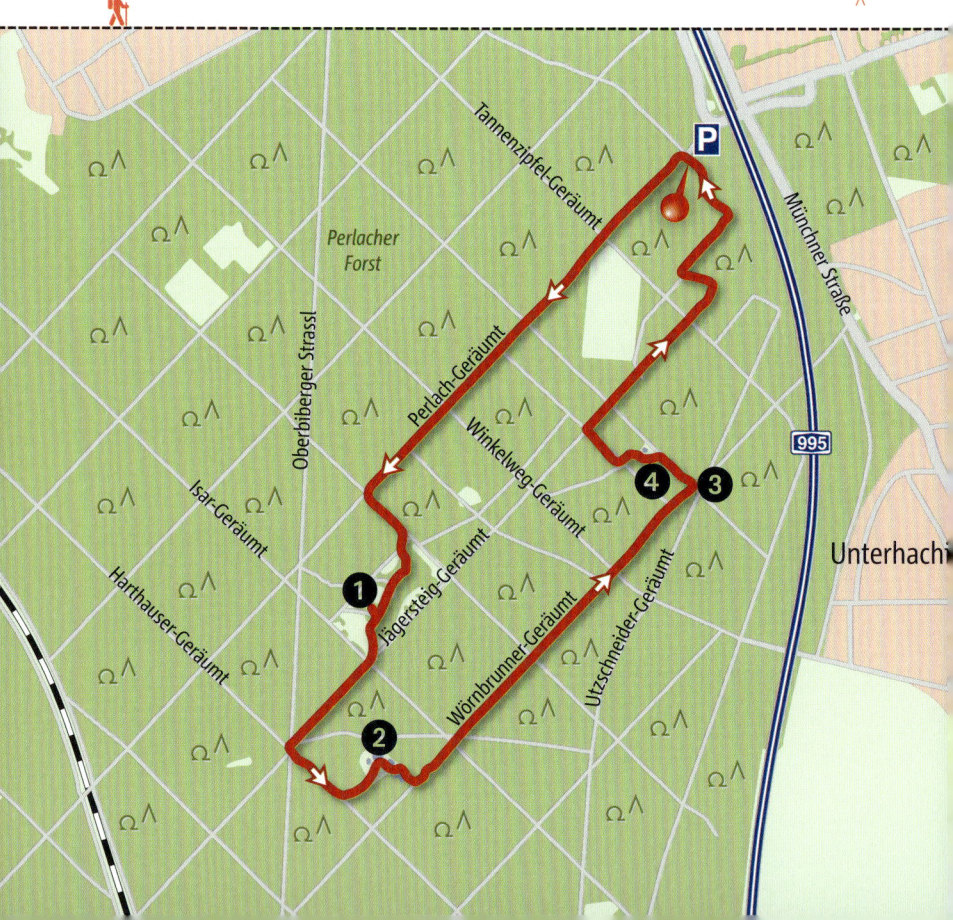

Alles auf einen Blick

WIE & WANN:
Forst- und Wiesenwege; ganzjährig begehbar

HIN & WEG:
Auto: Parkplatz am Perlacher Forst, Giesinger-Geräumt,
81549 Perlacher Forst (GPS: 48.084084, 11.592240)

Entspannung ✦✦✦✦✦
Genuss ✦✦✦✦✦
Romantik ✦✦✦✦✦

ÖPNV: Bus 145 oder 220 bis Kiefernstraße; ca. 10 Min. Fußweg zum Ausgangspunkt über Minnewitstraße, Fasangartenstraße, Tegernseer Landstraße und Perlach-Geräumt

ESSEN & ENTSPANNEN:
Keine Einkehrmöglichkeit an der Strecke.
Abseits der Route empfehlenswert:
Der Hufnagel, Ottobrunner Straße 135, 81737 München,
Tel. (0 89) 67 97 42 42, www.der-hufnagel.de
Perlacher Hof, Sebastian-Bauer-Straße 13, 81737 München,
Tel. (0 89) 67 20 89 00, www.perlacherhof.de
Biergarten Kugler Alm, Linienstraße 93, 82041 Oberhaching,
Tel. (0 89) 61 39 01-20, www.biergarten-kugleralm.de
Forsthaus Wörnbrunn, Wörnbrunn 1, 82031 Grünwald,
Tel. (0 89) 80 91 11 10, www.forsthaus-woernbrunn.com

ENTDECKEN & ERLEBEN:
Perlacher Mugl ❶
Biotop für heimische Amphibien ❷
Kultur-Birne ❸
Hirschbrunnen ❹

- ❇ 4,5 Kilometer
- ❇ 10 Höhenmeter
- ❇ 1,5 Stunden
- ❇ Rundweg

Verwöhntour 9

Haidhausen wartet mit malerischen Plätzen zum Entspannen, knuffig-bunten Läden zum Stöbern und vielen Cafés, Bistros, Restaurants und Biergärten zum Genießen auf. Heute ist dieses Münchner Stadtviertel auf der rechten Isarseite absolut angesagt. Doch früher hat man einen weiten Bogen darum gemacht. Noch vor 100 Jahren war es ein Arbeiterviertel, in dem Familien auf engstem Raum und unter schwersten Bedingungen lebten.

Wir starten gegenüber vom Ostbahnhof am halbkreisförmigen **Orleansplatz,** von dem Straßenachsen wie Strahlen das sogenannte Franzosenviertel durchziehen.

Über die **Weißenburger Straße** gelangen wir zu-

Das „Franzosenviertel" liegt rund um die sternförmigen Plätze Pariser und Weißenburger Platz. Die Namen Orleansplatz, Bordeauxplatz, Weißenburger Straße, Sedanstraße, Lothringer Straße und Metzstraße erinnern an Schlachten im deutsch-französischen Krieg 1870/71.

Urbanes Dorf
Durchs Franzosenviertel Haidhausen

nächst zum **Pariser Platz,** den die Stadt vor wenigen Jahren verschönert hat. Die neuen Bänke und Pflanzen wirkten wie eine Frischzellenkur und hauchten dem lange vernachlässigten Platz neues Stadtleben ein.

Sodann erreichen wir über die **Weißenburger Straße** den malerischen **Weißenburger Platz.** Hier schlägt das Herz des Franzosenviertels. In der Mitte des Rondells plätschert der **Glaspalastbrunnen** ❶. Das Baudenkmal von 1853 ist schon mehrfach innerhalb Münchens umgezogen: Bis 1875 schmückte er den Glaspalast im Alten Botanischen Garten (daher der Name), danach musste er auf den Orleansplatz umziehen, seit 1974 führt er sein sommerliches Was-

Hier macht das Flanieren Spaß

Durchs Franzosenviertel Haidhausen

serspiel nun am Weißenburger Platz auf. Bänke laden Flaneure zum Verweilen ein.

Wir verlassen den Weißenburger Platz über die **Metzstraße,** vorbei an vielen Läden mit teils klangvollen Namen wie Café Noel, Strandgut (Design), Blaugold (Gebrauchtkleider), Fortuna Cafébar, Nana – Meze & Wein (israelisches Restaurant) oder das Kopf-sei-Dank (Friseursalon).

Am **Bordeauxplatz** biegen wir rechts in die **Wörthstraße** mit einer lang gezogenen Grünanlage in der Mitte. Hier erleben wir tatsächlich französisches Flair: Mittendrin sprudelt die Fontäne des knapp 20 Meter langen **Brunnens mit jagdbaren Tieren** ❷. Jeden Granitsockel ziert ein Tier: Rehbock, Widder, Eber und Steinbock. Die flankierenden Häuser, die mit

Für die Seele

Wir erkunden das kultige Stadtviertel Haidhausen mit malerischen Plätzen, schmucken Läden, historischen Brunnen und seiner dörflichen Beschaulichkeit.

Domkirche St. Johann Baptist

Verwöhntour 9

Die Domkirche Sankt Johann Baptist zählt mit ihrem 90 himmelstürmende Meter hohen Westturm zu den größten Kirchen der Stadt. Die erdig-rötliche Farbe der Wandverkleidung verdankt das Gotteshaus dem schmucken Terrakotta – ein echter Blickfang.

schönen Fassaden glänzen, datieren aus dem späten 19. Jahrhundert. Wir umrunden das Areal, halten immer wieder kurz inne, betrachten alles aus verschiedenen Perspektiven, erwägen eine Einkehr in der verlockenden **Trattoria Il Cigno** ❸ und verlassen den Platz schließlich über die **Wörthstraße.** Ihr folgen wir bis zur Preysingstraße – früher eine Allee, die vom Preysingschloss im alten Haidhausen zum Gasteig führte. Wir überqueren sie und treffen neben einem Gemüsehändler (Haus Nummer 43) auf ein kleines Gässchen, das uns zum **Johannisplatz** bringt.

Vor uns macht sich die zwischen 1852 und 1874 errichtete neugotische **Domkirche Sankt Johann Baptist** ❹ mit ihrem Langschiff breit.

Kaum sind wir an ihr vorbei, erwartet uns schon das nächste Highlight (Achtung: Auf die Tram achten, die hier verkehrt!) in der **Kirchenstraße 5:** der **Buchpalast.** Im August 2017 wurde er zum wiederholten Mal mit dem Deutschen Buchhandlungspreis ausgezeichnet.

Wiener Platz

Durchs Franzosenviertel Haidhausen

Farbenfrohe Eisdiele

Anders als der Name vermuten lässt, ist der Palast sehr klein, dafür ist das Team riesig engagiert.

Wir verlassen den Laden über die Kirchenstraße nach rechts und gelangen über die **Innere Wiener Straße** zum **Wiener Platz.** Ein Platz der Extreme: Die Büdchen, die sich neben dem unübersehbaren Maibaum versammeln, verkörpern den kleinsten Markt der Stadt, der andauernd Markttag hat. Und gleich nebenan ist der zum **Hofbräukeller** gehörige **Biergarten am Wiener Platz** ❺ einer der größten Münchens. Dagegen nimmt sich der **Fischerbuberl-Brunnen** ❻, der ursprünglich am Viktualienmarkt stand, eher bescheiden aus. Das Allerschönste am Wiener Platz ist, dass er sich inmitten der Großstadt München seinen dörflichen Charme bewahrt hat, der den Besucher wie eine kuschelige Decke einhüllt. Wir setzen uns auf den Markt, bestellen einen Espresso und nehmen diese angenehme Beschaulichkeit ganz tief in uns auf.

Da man gehen soll, wenn es am schönsten ist, machen wir uns wieder auf den Weg. Wir überqueren erneut die Innere Wiener Straße und schlendern die

Verwöhntour 9

Kriechbaumhof

Steinstraße entlang – vorbei am ältesten französischen Restaurant Münchens, dem **Rue des Halles** ❼, das in schlichtem Ambiente kulinarische Köstlichkeiten bereithält. Wir sehen Hinterhöfe mit alten Balkonen, gleich daneben einen Aufzug aus Glas und Stahl, der außen an der Hauswand hoch- und runterfährt, opulente Geschäftstrakte, eine Gebäudezeile, die aus dem 19. Jahrhundert stammt. Wir lassen uns treiben, wechseln immer mal wieder die Straßenseite und nehmen diesen wilden Cocktail aus Alt und Neu, aus Gewachsen und Saniert, in uns auf.

An der **Milchstraße** kehren wir um und tauchen an der nächsten Ecke nach rechts in die **Preysingstraße** ein. Gleich hinter dem **Haferl-Brunnen** steht auf der rechten Seite das denkmalgeschützte **Üblacker-Häusl** ❽, im 18. Jahrhundert als Herberge errichtet, in der Tagelöhner Unterkunft fanden. Inzwischen wird es als Herbergen-Museum und Galerie für zeitgenössische Kunst genutzt, der Eintritt ist kostenlos. Gegenüber liegt der **Kriechbaumhof** ❾, ebenfalls ein altes Herbergshaus, das

Romantischer Innenhof

Verwöhntour 9

Der Holzbau des Kriechbaumhofs ist eine ehemalige Herberge, in der sich Zugezogene im 18./19. Jahrhundert einmieten konnten. Nach einer Grundsanierung wurde er 1985 an dieser Stelle wiedererrichtet. Heutiger Mieter ist der Deutsche Alpenverein.

aus dem 17. Jahrhundert stammt und an einen Bauernhof aus dem Alpenraum erinnert.

Wir gehen bis zur **Metzstraße,** vorbei an weiteren ehemaligen Herbergen, nunmehr Töpfereien oder Ateliers. Dann queren wir noch einmal den **Bordeauxplatz** und biegen schließlich nach links in die **Sedanstraße,** die uns über den **Pariser Platz** zurück zum Startpunkt bringt. Die Tour de Haidhausen war zwar kurz, nur gut eine Stunde reine Gehzeit zeigt das Tracking-Programm an, tatsächlich waren wir aber dreimal so lange unterwegs. Dabei hätten wir noch viel länger durch dieses bezaubernde Stadtviertel flanieren können, schließlich haben wir längst nicht alles gesehen. Auf bald und Wiedersehen!

Alles auf einen Blick

WIE & WANN:
Asphaltierte und gepflasterte Wege; zu jeder Jahreszeit lohnend

HIN & WEG:
Auto: Parkmöglichkeit am Orleansplatz oder in der Weißenburger Straße, 81667 München (GPS: 48.128206, 11.602648)
ÖPNV: RE 5, RB 40, 54, S 1–8, Tram 21, U 4, 5 oder diverse Buslinien bis München Ostbahnhof

ESSEN & ENTSPANNEN:
Trattoria Il Cigno ❸ Wörthstraße 39, 81667 München,
Tel. (0 89) 4 48 55 89, www.trattoria-ilcigno.de
Hofbräukeller und Biergarten am Wiener Platz ❺ Innere Wiener Straße 19, 81667 München, Tel. (0 89) 4 59 92 50, www.hofbraeukeller.de
Rue des Halles ❼ Steinstraße 18, 81667 München, Tel. (0 89) 48 56 75, www.rue-des-halles.de
Zahlreiche weitere Einkehrmöglichkeiten an der Strecke

Entspannung ✸✸✸✸✸
Genuss ✸✸✸✸✸
Romantik ✸✸✸✸✸

ENTDECKEN & ERLEBEN:
Glaspalastbrunnen ❶
Brunnen mit jagdbaren Tieren ❷
Domkirche Sankt Johann Baptist ❹
Fischerbuberl-Brunnen ❻
Üblacker-Häusl ❽ Preysingstraße 58, 81667 München, Tel. (0 89) 4 80 76 79
Kriechbaumhof ❾

- 9,9 Kilometer
- 60 Höhenmeter
- 2 Stunden
- Rundweg

Urbaner Erholungsraum

Verwöhntour 10

Wir beginnen unsere Tour im städtischen **Rosengarten ❶**, der sich zwischen Isar-Flussbett und Sachsenstraße blumig eingerichtet hat. Der etwas versteckt hinter Bäumen liegende Park mit seinen Schaugärten versprüht zwar zu jeder Jahreszeit einen besonderen Charme, aber im Juni/Juli zur ersten und im August zur zweiten Rosenblüte bringt er die Sinne des Besuchers zum Swingen. Dann verwandeln sich seine Beete, auf denen über 1000 Rosenarten stehen, in ein leuchtend buntes und duftendes Meer – für die Augen ein Schmaus, für die Nase ein Fest und fürs Herz eine Freude.

Wir betreten den Garten von der Sachsenstraße aus auf Höhe des Hauses Nummer 31 durch ein klei-

Im Fluss sein
Vom Rosengarten zum Achtersee

nes Tor – zwei weitere Zugänge befinden sich am Isar-Uferweg. Vor uns breitet sich eine große Wiese aus, auf der man Fußball spielen, sonnenbaden oder picknicken darf. Ein kleiner Bach plätschert leise vor sich hin. Übers ganze Areal stehen Metallstühle verstreut, die Besuchern zur freien Verfügung stehen.

Über eine kleine Brücke betreten wir das Herz des Rosengartens mit seinen Themenfeldern wie Duftgarten, Fliedergarten und Tastgarten. Der Giftgarten ist ein umzäunter Lehrgarten für Giftpflanzen aus Feld, Flur und Garten. Wir schlendern mal hierhin, mal dorthin, vorbei an Skulpturen, Palisaden und Pampasgrasstauden. Uns erfreuen wohlklingende Rosennamen wie „Zwergenfee" und „Walzertraum".

Verwöhntour 10

Im Rosengarten

Durch ein zweiflügeliges Tor verlassen wir schließlich das kleine Paradies nach rechts auf den alleegesäumten Isar-Uferweg, nur einen Steinwurf von der Wittelsbacherbrücke entfernt. Links neben uns, etwas unterhalb, verläuft der Radweg, an den sich wiederum die Uferwiese schmiegt, auf der in Ufernähe ein Pfad die Isar begleitet. Anders als im Rosengarten herrscht hier wuseliges Treiben. Allein ist man in diesem urbanen Erholungsraum nie: Auf Schritt und Tritt begegnet man Radlern, Joggern, Hundehaltern auf Gassirunde und Flaneuren. Während der Badesaison lichtet sich die Handtuchdichte erst weiter stadtauswärts. An der Wittelsbacherbrücke darf man zwar wegen einiger Gefahrenstellen nicht im Wasser planschen, doch schon wenige Meter flussabwärts beginnt eine **Schwimmzone ❷,** in der man sich bis zur Reichenbachbrücke treiben lassen kann. Pures Vergnügen.

Am **Kiosk an der Wittelsbacherbrücke** überqueren wir die Straße. Auf der anderen Seite beginnen die **Frühlingsanlagen,** ein Park im Stadtteil Au. Wir passieren den **Kiosk Isarwahn ❸** mit seinem kleinen Biergarten. Bier, Pommes, Currywurst, Tabak und vieles mehr gibt es dort. Auch to go. Mitnehmen, an die Isar set-

Seit die Isar im innerstädtischen Bereich mit begehbarem Ufer, Kiesbänken und Inseln naturnah zurückgebaut wurde, hat sich ihr Freizeitwert erhöht. Mitten in der Stadt kann man radeln, flanieren, baden, Boot fahren und an ausgewiesenen Stellen grillen.

Vom Rosengarten zum Achtersee

zen, Füße im Wasser erfrischen – alles ist möglich.

Bei der nächsten Gelegenheit gehen wir links zum Fluss hinunter und an der Weideninsel vorbei. Sie ist im Zuge der Renaturierung der Isar entstanden, gut 66 Meter lang und maximal 27 Meter breit. Im Hintergrund erblicken wir links die beiden durch eine offene Galerie verbundenen Türme der Kirche St. Maximilian – die Wirkungsstätte von Stadtpfarrer Rainer Maria Schießler, der durch seine unkonventionelle Art weit über die Stadtgrenzen hinaus bekannt geworden ist. Weiter vorn ist bereits die Reichenbachbrücke zu sehen und dahinter die baulichen Vorboten des Deutschen Museums.

Unmittelbar vor der Reichenbachbrücke, die wir unterqueren, spaltet sich die Isar in die Große (links)

> *Das 1903 gegründete, auf einer Isar-Sandbank gelegene Deutsche Museum ist immer einen Besuch wert. Es zählt zu den traditionsreichsten und mit sagenhaften 66.000 Quadratmetern Ausstellungsfläche auch zu den größten Wissenschafts- und Technikmuseen der Welt.*

Für die Seele

Wir lernen den Rosengarten, die Frühlings- und Maximiliansanlagen kennen. Uns überraschen Mandarinenten und das wohltuende Gefühl, im Fluss zu sein.

und die Kleine Isar (rechts). Der Seitenarm, dem wir nun folgen, mündet rund 2 Kilometer stromabwärts nach der Praterinsel – die in diesem Bereich Schwindinsel heißt – über ein Wehr wieder in die Große Isar. Wir passieren die Corneliusbrücke, nachdem wir das Isarufer über eine Steintreppe verlassen haben. Dann kommen wir zur Zenneckbrücke, über die wir den Innenhof des **Deutschen Museums** ❹ erreichen könnten, und unterschreiten schließlich die Ludwigsbrücke. Danach geht's auf einem schmalen Weg am **Müller'schen Volksbad** ❺ entlang, das bis dicht an die Kleine Isar gebaut worden ist. Mit sei-

Idyllisches Panorama entlang der Isar

Wunderschöner Blick auf die Lukaskirche

Vom Rosengarten zum Achtersee

nem weißen Uhrenturm, der sich von der gelben Fassade abhebt, gehört es bis heute zu den schönsten Badehäusern Europas – ein Besuch ist lohnend.

Am **Muffatwerk,** einem Kulturzentrum, mitsamt einem **Biergarten ❻** vorbei kommen wir zur **Fußgängerbrücke Kabelsteg.** Hier haben wir einen wunderschönen Blick auf die imposante **Lukaskirche ❼**, die wegen ihrer großen Kuppel und der beiden Flankentürme auch als „protestantischer Dom" bezeichnet wird. Weiter geht es auf dem mit Holzbohlen versehenen **Mauersteg:** links die Isar, rechts der Auer Mühlbach und wir dazwischen. Uns überkommt buchstäblich das wohltuende Gefühl, „im Fluss" zu sein. Wenige Meter weiter unterqueren wir die Maximiliansbrücke, die zu Füßen des Maximilianeums, seit 1949 Sitz des Bayerischen Landtags, ihre weiten Bogen über die Kleine und Große Isar spannt.

Nach der Wiedervereinigung der Isar wartet das nächste Highlight auf uns: die **Prinzregent-Luitpold-Terrasse** an der Luitpoldbrücke mit dem **Friedensengel ❽**, der im Sonnenlicht eine besondere Strahlkraft entfaltet. Wenige Meter bevor wir den Platz über einen leichten Anstieg erreichen, treffen wir auf eine Weggabelung und halten uns links. Dann betreten wir über

Das Müller'sche Volksbad mit seiner gelb leuchtenden Fassade ist ein Hallenbad mit Sauna. Der neubarocke Jugendstilbau war bei seiner Fertigstellung 1901 das größte und teuerste Schwimmbad der Welt und das erste öffentliche Hallenbad der Stadt.

Friedensengel

Verwöhntour 10

die Prinzregentenstraße (Achtung: Verkehr von links beachten!) den Platz. Er bildet das Herzstück der **Maximiliansanlagen,** die sich als Park- und Grünfläche zwischen Ludwigsbrücke und Max-Joseph-Brücke präsentieren. Auf dem Beckenrand der Brunnenanlage verweilen wir ein wenig. Hinter uns ragt der Friedensengel 38 Meter in die Höhe, vor uns liegt die Prinzregentenstraße wie ein langer grauer Teppich bis zum Prinz-Carl-Palais ausgerollt. Dann verlassen wir unseren Aussichtspunkt wieder – diesmal nach rechts über die Straße (Achtung: Verkehr von rechts beachten!).

Prachtbau an der Kobellwiese

Nach 150 Metern erreichen wir einen kleinen Teich, seiner Form wegen **Achtersee** genannt, und erleben eine gefiederte Überraschung. Neben den vertrauten Stockenten schwimmen dort einige Mandarinenten. Ursprünglich stammen sie aus Ostasien, vereinzelt findet man sie in europäischen Parks – so auch auf diesem künstlich angelegten Gewässer. Die schmucken Erpel haben einen grün-metallischen Schopf, kastanienbraune Backen, weiße Streifen über den Augen und orangefarbene Flügelfedern.

Nach dem farbenfrohen Spektakel gehen wir am Kopfende des Teichs in einer Rechtskurve den Hang hinauf und treten parallel zur Maria-Theresia-Straße den Rückweg zum Rosengarten an. Die Straße ist teilweise von prächtigen Villen gesäumt, die überwiegend Ende des 19. Jahrhunderts entstanden sind. Zunächst überqueren wir den Europaplatz neben dem Friedensengel und passieren auf halber Strecke zum Maximilianeum das einzige **Ludwig II.-Denkmal** ❾ in München.

Vom Rosengarten zum Achtersee

An der Fußgängerampel überqueren wir die Max-Planck-Straße. Hier liegt die **Trambahnhaltestelle,** die ein guter **Startpunkt der Tour für Nutzer öffentlicher Verkehrsmittel ist.**

Dann durchqueren wir eine kleine Grünanlage rechts neben der Sckellstraße und schlüpfen am Ende der **Grütznerstraße** durch ein kleines Tor. Über einen breiten **Fuß- und Radweg,** der rechts am Sportgelände auf der Kobellwiese und dann an der ukrainisch-orthodoxen Kirche vorbeiführt, gelangen wir gegenüber vom Gasteig an einer Litfaßsäule auf den Bürgersteig. Weiter geht's an der leicht abfallenden **Rosenheimer Straße** entlang Richtung Isar.

Vor der Ludwigsbrücke überqueren wir die Rosenheimer Straße an einer Fußgängerampel. Danach schwenken wir rechts auf den **Fuß- und Radweg** ein, der parallel zur **Zeppelinstraße** verläuft und den wir bereits kennen. Die nächsten 700 Meter laufen wir auf demselben Weg zurück, den wir schon auf dem Hinweg gegangen sind. Kurz nach der Corneliusbrücke halten wir uns links, trennen uns von den ausgetretenen Pfaden und entfernen uns ein wenig von der Isar. Nach einem Schachfeld und einem Basketballkorb über-

Schach an der Reichenbachbrücke

Verwöhntour 10

queren wir die Öhlmüllerstraße an der Reichenbachbrücke und tauchen wieder in die **Frühlingsanlagen** ein. Nach dem Spielplatz und Tischtennisplatten halten wir uns halb links, passieren eine bronzene Mädchenstatue und kurz darauf die 1905 erbaute **Ölbergkapelle ⓾.** Dann machen wir einen großen Bogen um das Gelände der Grünanlagenaufsicht der Stadt München und treten neben dem **Kiosk Isarwahn** aus dem Park heraus. Wir gehen über die Humboldtstraße, links die **Schyrenstraße** entlang, verlassen diese nach rechts in die **Claude-Lorraine-Straße** und erreichen den Eingangsbereich **des Schyrenbads ⓫**, des ältesten Freibads Münchens, 1847 als Männerbad gestartet.

Rechts über die **Sachsenstraße** kommen wir zurück an unseren Ausgangspunkt.

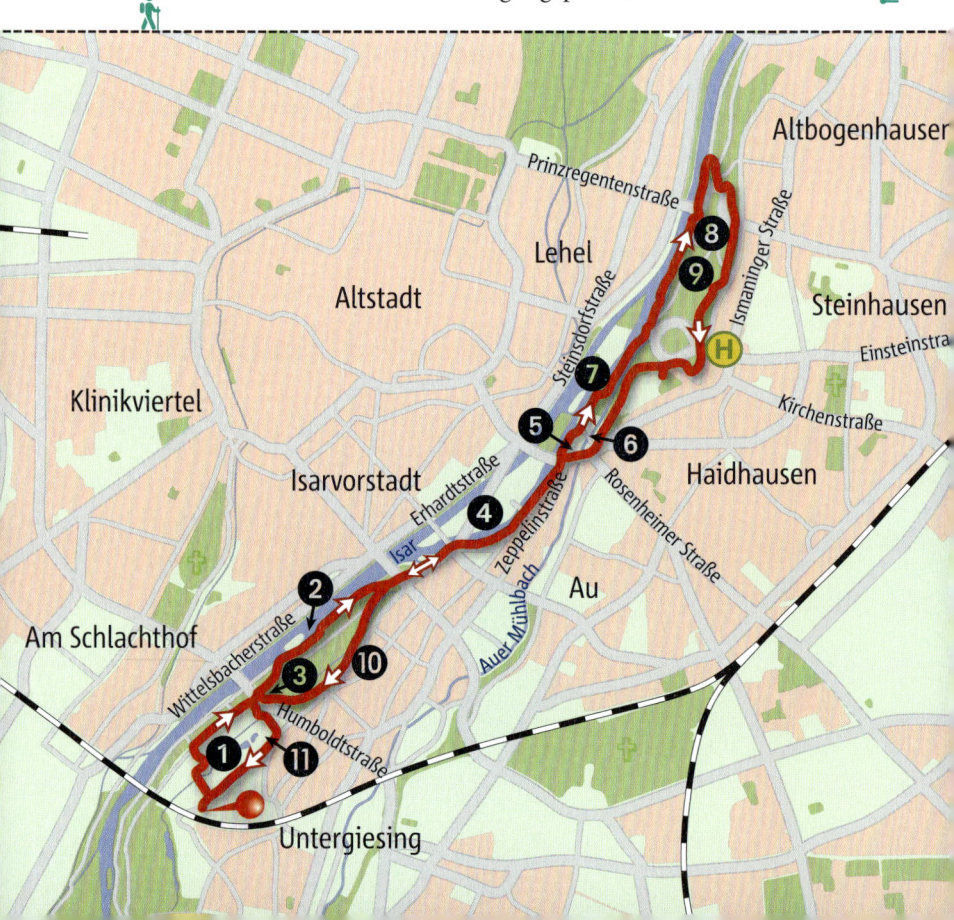

Alles auf einen Blick

WIE & WANN:
Asphaltierte Fuß- und Radwege, befestigte Ufer- und Parkwege;
ganzjährig möglich; im Sommer unbedingt Schwimmsachen mitnehmen!

HIN & WEG:
Auto: Parkmöglichkeit in der Sachsenstraße, am besten nahe der Hausnummer 31
(GPS: 48.117564, 11.565710)
ÖPNV: Tram 19, 21 bis Maximilianeum; Einstieg in die Tour an der Max-Planck-Straße;
alternativ U 4, 5 bis Max-Weber-Platz, kurzer Fußweg über Max-Planck-Straße
zum selben Einstiegspunkt

ESSEN & ENTSPANNEN:
Kiosk Isarwahn ❸ Wittelsbacherbrücke, 81543 München
Biergarten am Muffatwerk ❻ Zellstraße 4, 81667 München,
Tel. (0 89) 45 87 50 73, www.muffatwerk.de/de/pages/biergarten

Entspannung ✦✦✦✦✦
Genuss ✦✦✦✦✦
Romantik ✦✦✦✦✦

Einkehrmöglichkeiten in der Nähe:
Bier- und Weingarten, Praterinsel 3–4, 80538 München, www.bier-weingarten.de
Café Blá, Lilienstraße 34, 81669 München, Tel. (0 89) 12 26 30 37, www.cafebla.de
Wirtshaus in der Au, Lilienstraße 51, 81669 München,
Tel. (0 89) 4 48 14 00, www.wirtshausinderau.de

ENTDECKEN & ERLEBEN:
Rosengarten ❶
Schwimmzone zwischen Wittelsbacher- und Reichenbachbrücke ❷
Deutsches Museum ❹ Museumsinsel 1, 80538 München,
Tel. (0 89) 21 79-333, www.deutsches-museum.de
Müller'sches Volksbad ❺ www.swm.de/baeder
Lukaskirche ❼   **Friedensengel** ❽   **Ludwig II.-Denkmal** ❾
Ölbergkapelle ❿   **Schyrenbad** ⓫ www.swm.de/baeder

Verwöhntour 11

Über weite Strecken haben wir heute den Auer Mühlbach als Begleiter zur Seite, urkundlich erstmals 957 erwähnt.

Von der **Pognerstraße** gehen wir am **U-Bahnhof Thalkirchen** und dem kleinen **Kiosk 1917** vorbei zur **Thalkirchner Brücke.** Auf ihr überqueren wir den Isarwerkkanal und verlassen sofort danach die Holzbrücke nach rechts. Unser Weg verläuft jetzt auf dem Deich, der Isarwerkkanal und Isar trennt.

Nach gut 15 Minuten gehen wir rechts über die **Marienklausenbrücke,** vor uns das malerisch gelegene ehemalige Schleusenwärterhäuschen. Gleich daneben, an einem lauschigen Plätzchen, steht ein Holztrogbrunnen, aus dem Trinkwasser rinnt. Etwas seit-

Klein-Venedig
Entlang des Auer Mühlbachs

lich davon – bitte umdrehen – sehen wir unter der Brücke drei Schleusentore und rechts daneben eine vierte kleine Schleuse. Das ist die **Ableitung** des **Auer Mühlbachs** ❶. Er bezieht sein Wasser über den Werkkanal aus der Isar, unterquert den Fluss gleich hier durch eine Druckleitung und mündet nach 7 Kilometern wieder in die Isar.

Über die Marienklausenbrücke zurück queren wir erst den Kanal, dann die Isar. An der **Kapelle Marienklause** ❷ vorbei schnaufen wir den von Stufen unterbrochenen Steig zur **Hochleite** hinauf. Oben biegen wir scharf nach links und gehen möglichst nah am Abhang die Straße Hochleite entlang. Wir bewegen uns parallel zum Tiergarten Hellabrunn, der zwischen

Die denkmalgeschützte Kapelle Marienklause, Baujahr 1866, schmiegt sich an den Isar-Steilhang und besteht aus Holz und Grottenwerk. Davor liegt ein umfriedetes Gärtchen mit Kreuzweg und Steinaltar. Ein schattiges Plätzchen, ideal, um innezuhalten und aufzutanken.

Verwöhntour 11

Isar und Hochufer liegt und gelegentlich durch exotisch klingende Tierstimmen auf sich aufmerksam macht. Kurz vor der **Wallfahrtskirche St. Anna in Harlaching** ❸, die aus einem Kirchenbau des 12. Jahrhunderts hervorging und den Dorfkern markierte, aus dem der heutige Stadtteil Harlaching entstanden ist, verjüngt sich der Weg und leitet uns an der Kirchenmauer entlang und am **Claude-Lorrain-Denkmal** vorbei zur Straße **Harlachinger Berg.** Die **Harlachinger Einkehr** ❹ mit ihrem verlockenden Biergarten, die auf der anderen Straßenseite liegt, lassen wir für dieses Mal rechts liegen und gehen den viel befahrenen Harlachinger Berg hinab.

Auf der Höhe des **Gasthauses Siebenbrunn** ❺, eines der ältesten Gasthäuser Münchens, dessen hausgemachte bayerische Schmankerl das Leckerschmeckerherz erfreuen, überqueren wir die **Siebenbrunner Straße.** Kurz darauf biegen wir rechts in die **Mörikestraße** ein, wo wir ein Wiedersehen mit dem Auer Mühlbach feiern. Er begleitet uns nun zur Linken. Der anfänglich

Rechts, die kleine Schleuse, ist die Ableitung des Auer Mühlbachs

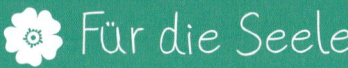

Marienklause

🌼 Für die Seele

Wir begleiten den Auer Mühlbach vom Ursprung bis zur Mündung in die Isar, passieren einen Sitz des Templerordens, Klein-Venedig und idyllische Plätze.

von Bäumen gesäumte Weg führt direkt in die Anlagen des **Kleingartenvereins Süd-West 54** hinein. Nach einer kleinen Brücke über den Auer Mühlbach biegen wir rechts in einen Pfad. Er wird links von den liebevoll gepflegten Parzellen der Gartler und rechts vom kanalisierten Bach flankiert. Eine grüne Oase inmitten der Großstadt.

Wir folgen dem Weg, ignorieren alle Abzweigungen und gelangen über einen Parkplatz in die **Wolgemutstraße.** An deren Ende biegen wir rechts in die **Lebscheestraße,** die am Auer Mühlbach in einem Linksbogen in die **Birkenleiten** übergeht. Rechts lohnt ein Abstecher zur **Kraemer'schen Kunstmühle.** In der einstigen Papiermühle sind heute nicht nur Büros,

Verwöhntour 11

Der Archiconvent des Templerordens ist in der 1880 errichteten Villa eines Münchner Hofgoldschmieds und Juweliers untergebracht. 1968 haben die Templer das Haus gekauft und umgestaltet. Dabei entstand der imposante Kirchturm mit der Zwiebelhaube.

Wohnungen und Ateliers untergebracht, sondern auch die **Fausto Kaffeerösterei** ❻ mit Ladencafé und Cafébar. Über die Dächer der Kleingartenanlage hinweg erblicken wir einen 87 Meter hohen Zwiebelturm und weitere Türmchen mit gülden leuchtenden Kreuzen auf der Spitze. Hinter einem hohen schmiedeeisernen Tor befindet sich der Hauptsitz der Templer-Ordensgemeinschaft in Deutschland samt Kloster: der **Archiconvent des Templerordens** ❼. Im Kloster leben Nonnen und Mönche, auch verheiratete. Nachmittags verteilen sie im Innenhof kostenlos Lebensmittel an Bedürftige.

Am Ende der Birkenleiten halten wir uns an der Weggabelung rechts und gehen den leicht ansteigenden **Paula-Herzog-Weg** hinauf, am Rand einer großen Wiese mit Spielplatz entlang. Sodann biegen wir links ab, unterqueren die Candidbrücke und gehen auf das **Wasserlaufkraftwerk Bäckermühle** ❽ am Auer Mühlbach zu. Bis in die 1960er-Jahre stand hier eine Getreide-

Blick aufs Kloster des Templerordens

Entlang des Auer Mühlbachs

Klein-Venedig

mühle, die Bäcker-Kunstmühle, davor war es der Standort der ältesten urkundlich erwähnten Mühle Münchens.

Nun folgen wir für 600 Meter der **Lohstraße,** zur Linken den Auer Mühlbach – mal sichtbar, dann verdeckt, mal mucksmäuschenstill, dann laut rauschend. Kurz bevor wir links in die **Mondstraße** einbiegen, erhaschen wir zur Rechten einen Blick auf den Turm der Kirche Heilig Kreuz auf dem Giesinger Berg, der letzten vollständig erhaltenen neugotischen Kirche Münchens.

Verwöhntour 11

Nun nähern wir uns **Klein-Venedig ❾**, wie die Münchner dieses pittoreske Fleckchen nennen. Nach dem Haus **Mondstraße 14** zeigt sich der Auer Mühlbach, bevor er eine Zeit lang im Untergrund verschwindet, von seiner besonders romantischen Seite, hier rauscht er unmittelbar an den Häusern mit ihren Terrassen und putzigen Hinterhöfen vorbei.

Ab jetzt laufen wir dem abgetauchten Bach durch urbane Gefilde hinterher, vorbei an viel Verkehr: geradeaus in die **Voßstraße,** dann rechts in die **Kleiststraße,** links in die **Kupferhammerstraße,** die uns unter Gleisen hindurch zur **Pilgersheimer Straße** bringt. In sie schwenken wir rechts ein. Über die Humboldtstraße hinweg und den **Edlingerplatz (Kolumbusplatz Nord)** erreichen wir

Auer Mühlbach unweit des ehemaligen Hochbunkers

Entlang des Auer Mühlbachs

die **Falkenstraße**. Wir biegen rechts in die **Taubenstraße** ein, die wir nach links in die **Nockherstraße** verlassen. Schließlich überqueren wir die mehrspurige Straße Am Nockherberg, halten uns links und verlassen den Bürgersteig nach rechts über eine Treppe zum Auer Mühlbach hinunter.

Links donnert der Bach unter einen kleinen Brücke hervor, was ihm ordentlich Schwung verleiht. Auf seinem anderen Ufer liegt das neu gebaute Areal Am Neudeck, auf dem bis 2009 das alte Frauengefängnis stand. An der nächsten Brücke überqueren wir den Bach, passieren die **Polizeiinspektion 21-Au** und gehen rechts über den **Mariahilfplatz.**

Wir kreuzen die Gebsattelstraße, halten uns rechts, biegen sofort wieder links in die Straße **Am Herrgottseck,** um sogleich nach rechts über eine Brücke den – da ist er wieder! – Auer Mühlbach zu queren. Die **Quellenstraße** empfängt uns mit einem feuerroten ehemaligen Hochbunker, heute Sitz einer Musik- und Theaterschule. Der Bach begleitet uns gut 500 Meter bis zu einer Brücke, über die wir auf dem **Georg-Riedmeier-Weg** zwischen Wohnhäusern hindurch auf die **Lilienstraße** gelangen.

Wir wenden uns nach rechts, gehen um die **Museum-Lichtspiele** herum, überqueren die Zeppelinstraße und kommen auf den Fußgängerweg **Karl-Müller-Weg.** Ihm folgen wir – mit Blick aufs Deutsche Museum (siehe Tour 10, S. 95) – nach rechts durch die Unterführung der Ludwigsbrücke. Wir passieren

König-Maximilian II.-Denkmal

Auf dem Mariahilfplatz mit der neugotischen Mariahilfkirche findet jeden Samstag (7–13 Uhr) ein beliebter Wochenmarkt statt. Dreimal im Jahr ist er für jeweils 9 Tage Schauplatz der Auer Dult, einer Mischung aus traditionellem Jahrmarkt und Volksfest.

Verwöhntour 11

den neubarocken Jugendstilbau des **Müller'schen Volksbads** ⑩, den **Biergarten am Muffatwerk** ⑪ und die **Fußgängerbrücke Kabelsteg** ⑫ mit kolossalem Blick auf die prächtige Lukaskirche. Am schmalen **Mauersteg,** der die Kleine Isar zur Linken vom Auer Mühlbach zur Rechten trennt, kommt uns der Bach ein letztes Mal sehr nahe. Nur 400 Meter flussabwärts liegt seine **Mündung** in die Isar ⑬.

Nachdem wir unter der **Maximiliansbrücke** hindurchgegangen sind, schlagen wir einen Rechtsbogen und gelangen über die Brücke zu Füßen des Maximilianeums zum **König-Maximilian II.-Denkmal** ⑭, an dem wir die Auer-Mühlbach-Tour beenden. Zum Ausgangspunkt zurück fahren wir mit Trambahn und U-Bahn.

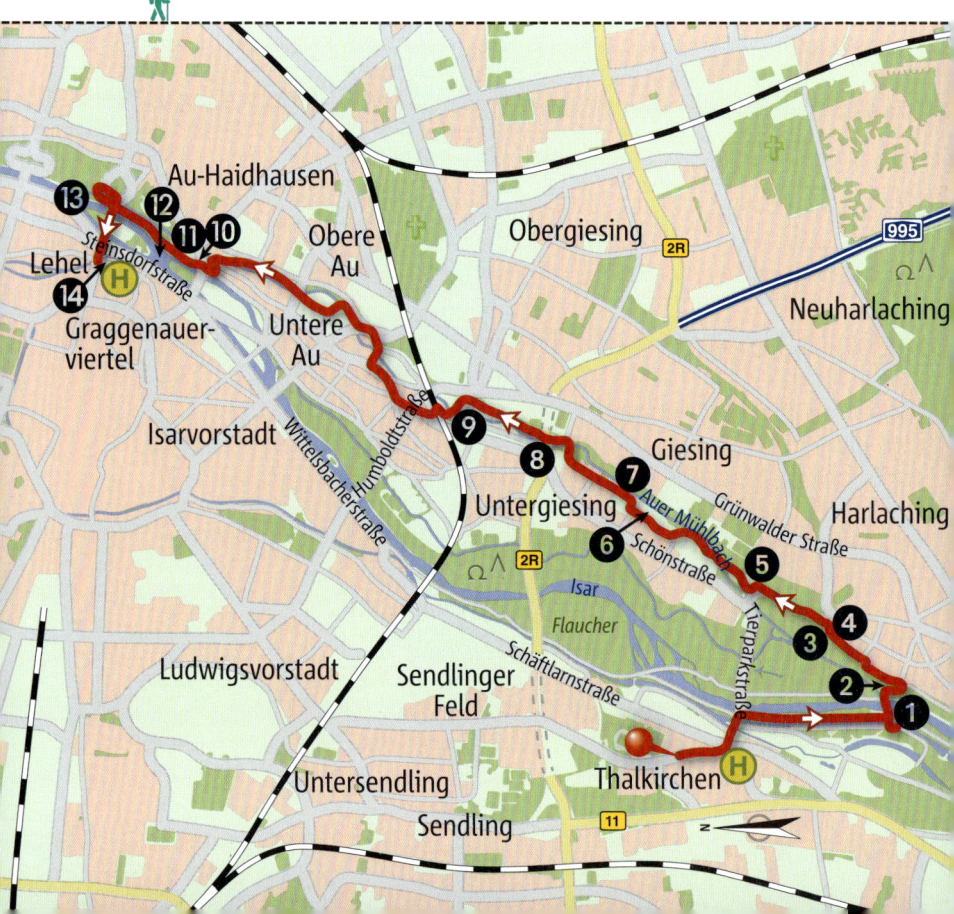

Alles auf einen Blick

WIE & WANN:
Asphaltierte Straßen, befestigte Fußgänger-, Ufer- und Parkwege; ganzjährig begehbar, jede Jahreszeit hat ihre Reize

HIN & WEG:
Auto: Parkmöglichkeiten an der Pognerstraße, möglichst nah an der Tierparkstraße (GPS: 48.102457, 11.545937)
ÖPNV: U 3 bis Thalkirchen (Tierpark)
Rückkehr zum Ausgangspunkt mit Tram 19 Richtung Pasing oder 21 Richtung Westfriedhof bis Theatinerstraße/Marienplatz, vom Marienplatz (kurzer Fußweg) weiter mit U 3 Richtung Fürstenried West bis Thalkirchen (Tierpark), Gesamtfahrzeit ca. 20 Min.

ESSEN & ENTSPANNEN:
Harlachinger Einkehr ❹ Karolingerallee 34, 81545 München,
Tel. (0 89) 64 20 90 93, www.harlachinger-einkehr.de

Entspannung ✸✸✸✸✸
Genuss ✸✸✸✸✸
Romantik ✸✸✸✸✸

Gasthaus Siebenbrunn ❺ Siebenbrunner Straße 5, 81543 München,
Tel. (0 89) 80 03 37 77, www.gasthaus-siebenbrunn.de
Fausto Kaffeerösterei mit Ladencafé und Cafébar ❻ in der Kraemer'schen Kunstmühle, Birkenleiten 43, 81543 München, Tel. (0 89) 62 23 11 13, www.fausto-kaffee.de
Biergarten am Muffatwerk ⓫ Zellstraße 4, 81667 München,
Tel. (0 89) 45 87 50 73, www.muffatwerk.de/de/pages/biergarten

ENTDECKEN & ERLEBEN:
Ableitung Auer Mühlbach ❶   Kapelle Marienklause ❷
Wallfahrtskirche St. Anna in Harlaching ❸   Archiconvent des Templerordens ❼
Wasserlaufkraftwerk Bäckermühle ❽   Klein-Venedig ❾
Müller'sches Volksbad ❿ www.swm.de/baeder   Fußgängerbrücke Kabelsteg ⓬
Mündung Auer Mühlbach ⓭   König-Maximilian II.-Denkmal ⓮

✸ 8,2 Kilometer
✸ 10 Höhenmeter
✸ 2 Stunden
✸ Rundweg

Harmlos-Skulptur im Finanzgarten

Verwöhntour 12

Heute durchstreifen wir schwerpunktmäßig den Englischen Garten, mit seiner Fläche von 375 Hektar bis heute eine der größten innerstädtischen Parkanlagen der Welt.

Wir starten unsere Wanderung direkt am **Haus der Kunst,** einem weltweit führenden Museum für zeitgenössische Kunst. Und zwar dort, wo die Prinzregentenstraße in den Altstadttunnel verschwindet.

Nach wenigen Metern erreichen wir die erste Attraktion, zu erkennen an der Menschentraube, die sich auf der **Eisbachbrücke** versammelt hat. Dort befindet sich die Austrittsstelle des sehr schnell fließenden Eisbachs. Eine nicht sichtbare Steinstufe im Wasser sorgt für die **Eisbachwelle ❶,** eine etwa halbmeterhohe

Garten-Duett
Englischer Garten und Hofgarten

Surfer auf dem Eisbach

stehende Welle. Das ist die nasse Schaubühne der Surfer, denen wir von der Brücke aus beim Ritt auf der Wasserwalze ein wenig zusehen.

Nach der Brücke tauchen wir links in den **Englischen Garten** ein und folgen dem Wegweiser Richtung **Fräulein Grüneis ❷.** Schon nach wenigen Schritten erreichen

Der Englische Garten zählt rund 3,5 Millionen Besucher im Jahr, mehr als Schloss Neuschwanstein. Sein Wegenetz ist 78 Kilometer lang, der Südteil zwischen Haus der Kunst und Isarring entspricht in etwa der ursprünglichen, 1789 bis 1792 angelegten Parkanlage.

Verwöhntour 12

wir diese denkmalgeschützte „Location". Was früher ein Toilettenhäuschen war, beherbergt seit 2011 ein kleines Café und Restaurant – inzwischen einer der ganz beliebten Treffpunkte Münchens. Da gibt's Brotzeit, Kuchen, Limo, Bier, winters Glühwein und – behaupten jedenfalls Freunde – den besten Kaffee der Stadt. Gegenüber am linken Wegesrand steht ein **Gedenkstein,** der an Sir Benjamin Thompson (1753 bis 1814) erinnert, seit 1790 Reichsgraf von Rumford, kurz: **Graf Rumford ❸.** Ihm hat München viel zu verdanken, unter anderem den Englischen Garten.

Wir bleiben auf dem Weg, gehen rechts an der **Sportanlage Am Hirschanger** entlang, die auch von Schulen genutzt wird, und überqueren eine **Brücke über den Eisbach.** Danach biegen wir rechts in den **Oberstjägermeisterweg** ein. Nach rund 100 Metern sehen wir auf der rechten Seite die **Dianabadschwelle ❹,** besser bekannt als die Kleine Eisbachwelle. Der Name erinnert an das

Fräulein Grüneis

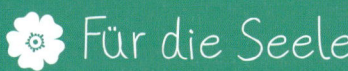

Wir lustwandeln durch
den Englischen Garten

🌸 Für die Seele

Wir erkunden zwei Parks im Herzen Münchens. Der Weg ist reich an Attraktionen: Uns erwarten Surferwellen, ein Pagodenturm, ein Tempelbau und Biergärten.

Dianabad, eine über Jahrzehnte beliebte Badeanstalt, die sich an dieser Stelle befand und im Jahr 1900 ihren Betrieb einstellte. Obwohl die Welle längst nicht die Höhe der Eisbachwelle erreicht, hat sie doch ihre Tücken – beidseitige Betoneinfassung, teils starke Unterströmung –, weshalb Neulinge unter den Surfern sie besser meiden sollten. Hier wird der Oberstjägermeisterbach abgeleitet.

Wir bleiben auf dem **Oberstjägermeisterweg,** entfernen uns mehr und mehr vom Eisbach und gelangen nach gut 200 Metern an eine weitere Brücke, über die wir den **Entenbach** queren. Wir biegen nach links und folgen dem Bach ein kleines Stück. Vor uns erkennen wir auf einer Art Halbinsel eine halbrunde **Ruhebank** ❺

Verwöhntour 12

Der Monopteros, 1832 bis 1836 errichtet, ist eines der Wahrzeichen des Englischen Gartens. Vom Tempelbau überblickt man Münchens Stadtsilhouette, von links nach rechts Bayerische Staatskanzlei, Alter Peter, Neues Rathaus, Frauenkirche, Theatiner- und Salvatorkirche.

aus Kalkstein – auf ihrem Platz stand früher einmal ein hölzerner Monopteros, der allerdings nicht erhalten ist. Wir lassen die Ruhebank links liegen, wenden uns, nachdem wir über eine kleine Holzbrücke gegangen sind, nach links und halten direkt auf den Monopteros zu. Zur Linken haben wir einen unverstellten Blick auf die Ruhebank, deren Rückenlehne die Inschrift „Hier wo ihr wallet, da war sonst Wald nur und Sumpf" trägt. Sie erinnert an die Mühen, die mit der Anlage des Englischen Gartens vor über 200 Jahren verbunden waren.

Wir passieren die Brücke zum Chinesischen Turm und steigen den künstlich angelegten Hügel zum **Monopteros** ❻ hinauf. Von dort haben wir einen wunderbaren Blick über diesen Teil des Englischen Gartens und die Stadtsilhouette. Vor allem bei Sonnenuntergang erfreut sich der Platz großer Beliebtheit – romantischer geht's fast nicht mehr. Zu Füßen des Monopteros breiten sich die beiden großen Liegewiesen des Parks aus – diesseits und jenseits des Schwabinger Bachs. Im Winter sausen die Kinder laut johlend mit ihren Schlitten den Tempelhügel hinab.

Englischer Garten und Hofgarten

Chinesischer Turm

Wir verlassen den Tempel, gehen zurück über die Brücke und folgen der Beschilderung Richtung **Chinesischer Turm** ❼. Der Pagodenturm – Ende des 18. Jahrhunderts als Aussichtsturm errichtet, im Zweiten Weltkrieg zerstört, Anfang der 1950er-Jahre rekonstruiert – war der erste seiner Art in Deutschland. Während der Saison herrscht hier reger Biergartenbetrieb, gleich daneben befindet sich das zugehörige Restaurant, das 1792 noch ein Holzbau war. Immer sonntags beglückt ein kleines Ensemble vom Turm herunter das Biergartenpublikum mit Blasmusik. Und während der Adventszeit findet sich an Ort und Stelle ein urgemütlicher Weihnachtsmarkt, der sich bei Schnee und einsetzender Dämmerung in ein verwunschenes Winterwunderland verwandelt. Kleiner Tipp am Rande: Wer das Bedürfnis hat, mit 1 PS eine kleine Rundfahrt durch den Südteil des Parks zu absolvieren – direkt am Turm ist der Pferdekutschen-Standplatz.

Weiter geht's, dem Wegweiser zum **Kleinhesseloher See** nach. Doch zunächst passieren wir auf der linken Seite ein klassizistisches Gebäude, das **Rumfordschlössl** ❽, 1791 im Auftrag des Grafen Rumford er-

Verwöhntour 12

Rumfordschlössl

baut. Einst als Offizierskasino, später für höfische Zwecke genutzt, beherbergt es heute einen Natur- und Kulturtreff für Kinder und Jugendliche.

Kurz danach überqueren wir die asphaltierte Straße Englischer Garten, auf der die **Buslinie 54** mit ihrer **Haltestelle** direkt am Chinesischen Turm verkehrt. Zur Linken sehen wir über eine große Wiese hinweg im Hintergrund den Wasserspiegel des Kleinhesseloher Sees zwischen Bäumen hervorblinzeln. Nach dem **Kiosk am See-Einlauf** geht's über eine Brücke, hinter der wir uns links halten und ans Seeufer gelangen, das seitlich von unzähligen Bänken flankiert wird. Der kleine See mit seinen drei Inseln – Königs-, Kurfürsten- und Regenteninsel – ist ein wahres Vogelparadies. Vor allem Höckerschwäne, Graugänse, Blässhühner und Reiherenten fühlen sich hier „pudelwohl", entnehmen wir der Informationstafel „Schwanensee".

Schon bald erreichen wir das **Seehaus im Englischen Garten** ❾, eine Gaststätte nebst Sonnenterrasse und Biergarten, der mit seinen Tischen und Bänken bis ans Ufer reicht. Dort darf man sogar seine eigene Brotzeit mitbringen und picknicken, während man die frische Maß und eine warme Brezn an der Schenke holt. Hier steht ein **Denkmal für Friedrich Ludwig von Sckell,** der als Begründer des englischen Gartenbaus in Deutschland gilt und auch den Englischen Garten gestaltet hat.

Nachdem wir drei Viertel des Sees umrundet haben, biegen wir – unmittelbar nach einer Weide, deren lange Zweige schlaff überm Wasser hängen – an einem Abzweig nach rechts. Fortan halten wir uns mög-

Der Seehaus-Biergarten zählt mit seinen 2500 Sitzplätzen zu den bekanntesten und beliebtesten in München. Samstags (9–13 Uhr) findet am Seehaus ein kleiner, aber feiner Bauernmarkt statt.

Englischer Garten und Hofgarten

lichst nah am Schwabinger Bach. Zwischen Bäumen und Sträuchern hindurch blicken wir auf die andere Uferseite und die teils prächtigen Gebäude dort – mit Erkern, Türmchen, Dachterrassen und Gartenanlagen.

Nach rund 700 Metern, kurz nach dem rechts liegenden Außenplatz der **Universitäts-Reitschule** mit der weißen Umzäunung, queren wir den Schwabinger Bach über eine kleine Brücke auf die rechte Uferseite, bevor wir an der nächsten Brücke erneut die Seite wechseln. Geradeaus gelangen wir über eine weitere Brücke zum **MilchHäusl** ⑩, einem Öko-Bio-Kiosk mit Mini-Biergarten und Kultstatus, um den herum winters ausrangierte Gondeln den Gast zum Platznehmen willkommen heißen. Wer keinen Appetit verspürt, lässt das MilchHäusl rechts liegen und geht gleich weiter über den **Militärgartenweg** bis zu einem Abzweig auf Höhe des **Japanischen Teehauses** ⑪.

Hier wenden wir uns nach rechts und tauchen in eine Unterführung ein. Zuvor fällt unser Blick noch nach oben auf das für Repräsentationszwecke der Staatsregierung genutzte **Prinz-Carl-Palais** ⑫, einst Amtssitz des Bayerischen Ministerpräsidenten. Vorm Tunnel links ist die Brücke der Von-der-Tann-Straße mit ihrem augenfälligen Steinbogen und dem vorgelagerten Wasserfall zu sehen. Hier geht der Köglmühlbach fließend in den Schwabinger Bach über.

Das Japanische Teehaus (www.urasenke-muenchen.de) liegt nahe dem Haus der Kunst etwas versteckt hinter Bäumen auf einer kleinen Insel im Schwabinger Bach. Jedes zweite Wochenende kann man dort an einer verkürzten Teezeremonie (60 Minuten) teilnehmen.

Der Dianatempel im Hofgarten

Verwöhntour 12

Nach der Unterführung halten wir uns rechts und gehen leicht ansteigend am Zaun des Finanzgartens entlang. Über das Ende der Galeriestraße betreten wir den **Hofgarten,** der sich nun vor uns öffnet. Unglaublich viele schöne Eindrücke prasseln auf uns ein: Arkadengänge, die Staatskanzlei, die Residenz und die Silhouette der gelb leuchtenden Theatinerkirche. Und natürlich der **Dianatempel** ⓭ in der Gartenmitte, von dessen acht Bogen die Wege ausgehen, die den Hofgarten durchziehen. In aller Ruhe umrunden wir den Garten, passieren die Staatskanzlei, um die Anlage durch die Unterführung wieder zu verlassen. Nach dem Tunnel gehen wir in einem großen Rechtsbogen zum Haus der Kunst hoch und sind am Ziel.

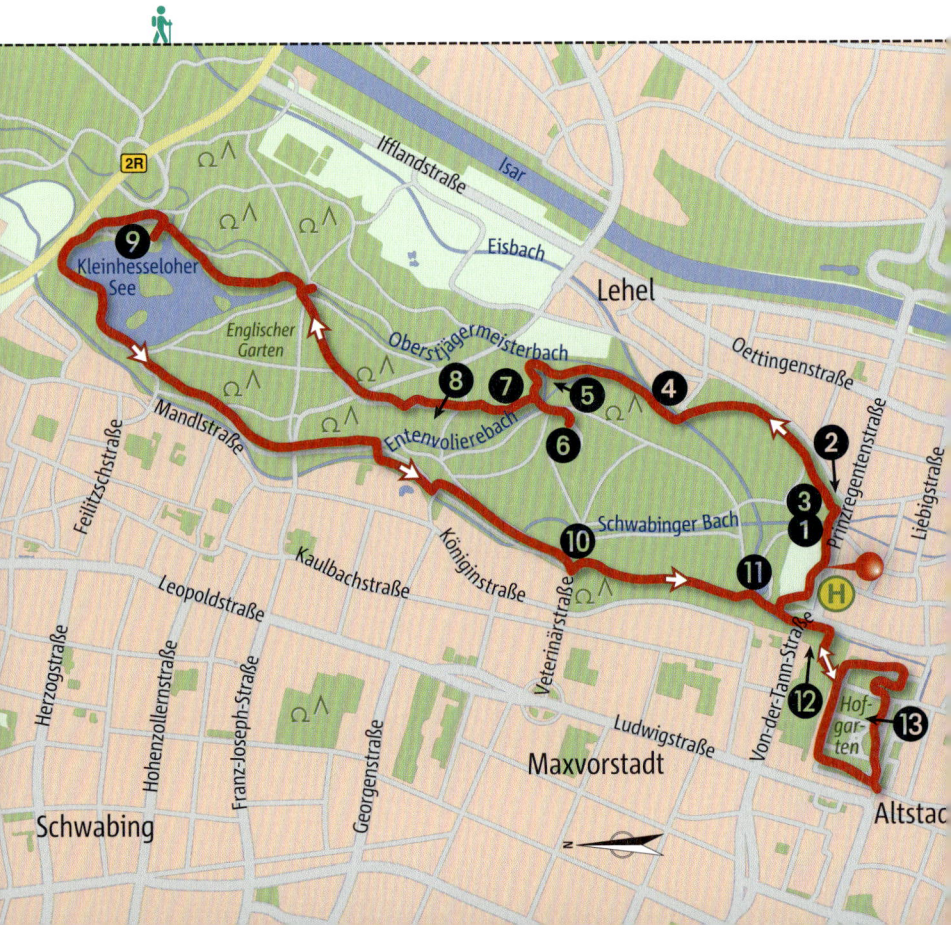

Alles auf einen Blick

WIE & WANN:
Durchweg gut befestigte Wege; ganzjährig möglich

HIN & WEG:
Auto: Parkplätze vorm Haus der Kunst, Prinzregentenstraße 1, 80538 München (gebührenfrei) oder großer Parkplatz hinterm Haus der Kunst (gebührenpflichtig) (GPS: 48.143740, 11.585951)
ÖPNV: Bus 100 (Museenlinie) bis Nationalmuseum/Haus der Kunst; alternativ Tram 16 bis Nationalmuseum/Haus der Kunst

ESSEN & ENTSPANNEN:
Fräulein Grüneis ❷ Lerchenfeldstraße 1 a, 80538 München, Tel. (0 89) 23 03 26 70, www.fraeulein-grueneis.de
Seehaus im Englischen Garten ❾ Kleinhesselohe 3, 80802 München, Tel. (0 89) 38 16 13-0, www.kuffler.de/de/restaurant/seehaus

Entspannung ✶✶✶✶✶
Genuss ✶✶✶✶✶
Romantik ✶✶✶✶✶

MilchHäusl ❿ Königinstraße 6, 80539 München, Tel. (0 89) 45 24 84 30, www.milchhaeusl.de

ENTDECKEN & ERLEBEN:
Eisbachwelle ❶
Gedenkstein für Graf Rumford ❸
Dianabadschwelle (Kleine Eisbachwelle) ❹
Ruhebank ❺
Monopteros ❻
Chinesischer Turm ❼
Rumfordschlössl ❽
Japanisches Teehaus ⓫
Prinz-Carl-Palais ⓬
Dianatempel ❸

Entschleunigungstour 13

Wir starten in der 8900-Seelen-Gemeinde Hohenbrunn im Südosten Münchens, circa 15 Kilometer vom Stadtzentrum entfernt, am **Harthauser Weg,** Ecke **Flößergasse.** Einer **Informationstafel** ❶ entnehmen wir, dass uns der „2016 eröffnete und in Folge zum Erlebnisweg ausgebaute **Hohenbrunner Rundwanderweg** durch einen der schönsten Wälder unserer Heimat" führt. Und dass es einen „langen Weg" (9 Kilometer) und einen „kurzen Weg" (5 Kilometer) gibt. Wir entscheiden uns heute für die längere Variante.

Auf geht's, die **Flößergasse** entlang – zur Rechten Häuser, zur Linken Felder. Nach gut 300 Metern biegen wir links in den **Pframmerner Weg,** auf dem wir einen Kilometer bleiben. Unterwegs passieren wir eine große Blühfläche – davon gibt es auf dem Gemeindegebiet mehrere. Das verdanken wir einem Kooperationsprojekt der Gemeinde Hohenbrunn

Wir genießen das ländliche Idyll

Waldesluft
Der Hohenbrunner Rundwanderweg

mit der lokalen Bauern- und örtlichen Jagdgenossenschaft. Auf den Projektflächen stehen bienen- und insektenfreundliche Pflanzen wie Ölrettich, Kornblumen, Ringelblumen und Dill.

An einem Abzweig folgen wir dem Wegweiser Richtung **Grasbrunn/Putzbrunn.** Sogleich streifen wir das **Naturdenkmal Altlauf** ❷. Auf einer Fläche von rund fünf

Entschleunigungstour 13

Wir lassen unsere Blicke in die Ferne schweifen

Nichts ist, wie es scheint. Totholz, das im Wald verwittert, ist quicklebendig. Eine abgestorbene Buche etwa bietet Lebensraum für bis zu 600 (!) Tier- und Pflanzenarten. Spechte, Käfer, Pilze und vieles mehr können sie bewohnen.

Fußballfeldern steht hier einer der wenigen erhalten gebliebenen Eichen-Hainbuchen-Wälder im östlichen Landkreis München. Solche Laubwälder waren früher typisch für das Landschaftsbild dieser Gegend. An einer Bank informiert eine erste Tafel (es folgen noch zwei weitere), was diese kleine „Insel im Wald" so besonders macht. Da im Schutzgebiet weder abgestorbene noch umgestürzte Bäume (Totholz) entfernt werden dürfen, wirkt das Waldstück mit seinen Sträuchern, Büschen und Jungbäumen zwischen den alten Baumrecken wild und ursprünglich.

Am Ende des Altlaufs wenden wir uns nach links, der Beschilderung Hohenbrunner Rundwanderweg folgend. Er führt uns am Hohenbrunner Gewerbegebiet vorbei, durch eine Baumzeile davon getrennt. Die weitaus schönere Aussicht wird uns auf der gegenüberliegenden Seite geschenkt: ein malerischer Panoramablick auf Hohenbrunn, aus dessen Mitte sich der Kirchturm von St. Stephanus mit seiner barocken Zwiebel in den weiß-blauen Himmel hebt. Bevor uns die Beschilderung durch eine 90-Grad-Rechtskurve in den Höhenkirchener Forst leitet, treffen wir auf eine am 24. Februar 2020 aus kleinen Baumstämmen

Der Hohenbrunner Rundwanderweg

gezimmerte Bank, die sich durch ein handschriftliches Dokument als „Poesie-Bank" ❸ vorstellt. Seitlich hängt ein kleines Heftchen mit Versen, die romantische Seelen aufs Trefflichste erwärmen. Dort lesen wir: „Diese Bank ist dem Mädchen gewidmet, das ich liebe – meiner Freundin", und dann: „Hektisch eilen die Menschen von Ort zu Ort, doch an diesem Platz hat die Ruhe ihren Hort". Wir verweilen ein wenig auf der Bank und lassen uns von den Sonnenstrahlen streicheln, während wir den wunderbaren Ausblick auf Hohenbrunn genießen.

Dann geht's in den Höhenkirchener Forst hinein, der sich von Putzbrunn und Grasbrunn im Norden bis nach Aying im Süden als halbkreisförmiger Baumwall um die Orte Hohenbrunn und Höhenkirchen-Siegertsbrunn legt. Zunächst noch ein kleines Stück am Gewerbegebiet entlang, dann tauchen wir vollends in den Wald ein.

Schon bald treffen wir auf einen beschilderten Abzweig. Wer nur Zeit und Muße für den „kurzen

 Für die Seele

Die Wanderung über die Hohenbrunner Ebene mit ihren Blühfeldern und Wiesen, durch den wunderschönen Höhenkirchener Forst wirkt wie eine Entspannungskur.

Weg" hat, biegt hier links ab. Wir entscheiden uns für die lange Variante und bleiben auf dem **Pframmerner Weg,** bis wir nach circa 1,5 Kilometern auf einen Querweg stoßen, an dem wir uns links halten.

Der Forst wartet nun mit allem auf, was er zu bieten hat: Auf Nadelholzpassagen folgt Mischwald, an einem Streckenabschnitt wachsen auf der rechten Sei-

Entschleunigungstour 13

te nur Fichten, auf der linken ausschließlich Buchen. Mal stehen die Bäume dichter, mal luftiger; mal tunneln ihre Kronen unseren Weg, mal ziehen sie sich dezent zurück, sodass sich der Himmel über unseren Köpfen weitet.

Unterwegs treffen wir wiederholt auf Stationen des **Erlebniswegs.** Einige aktualisieren und erweitern mittels Informationstafeln unser Wissen über den Lebensraum Wald, seine Bäume und Bewohner, seine Funktionen. Andere laden zu besonderen Aktivitäten ein: ein Barfußpfad, ein Baumtelefon, ein Balancierparcours, ein Klangspiel und vieles mehr.

Unsere Route verläuft im munteren Zickzack weiter. Die Gefahr, vom Weg abzukommen, besteht nicht: Der Rundwanderweg ist mustergültig ausgeschildert. An jedem Abzweig steht ein gut sichtbarer Wegweiser, der uns in der richtigen Spur hält.

Bei Kilometer 7 entlässt uns der Höhenkirchener Forst aus seiner baumreichen Umarmung. Vor uns sehen wir die inzwischen vertraute Silhouette von Hohenbrunn mit dem Zwiebelturm von St. Stephanus.

Auf dem Erlebnisweg

Der Hohenbrunner Rundwanderweg

Hochsitz

Astrid-Lindgren-Zitat

An dieser Stelle steht ein großer, von Hohenbrunner Kindern im Rahmen eines Sommerferienprogramms bemalter **Bilderrahmen** . Durch diesen hindurch kann der geneigte Wanderer vor der Kulisse Hohenbrunns ein Erinnerungsfoto schießen. Damit man später noch weiß, welches Motiv das Foto zeigt, steht auf dem Rahmen in Großbuchstaben „MEIN HOHENBRUNN" geschrieben. Eine sympathische Idee, von der, wie wir beobachten konnten, auch Gebrauch gemacht wird.

Knapp anderthalb Kilometer sind es noch bis zum Ausgangspunkt unserer Tour. Wir wenden uns nach links und folgen einem Wiesenpfad, der uns zunächst am Waldrand, dann an einem zweiten Blühfeld entlangführt. Unterwegs treffen wir auf eine schlichte Steinbank, neben der sich ein steinerner Bildstock befindet. Danach folgen noch weitere Bänke, die zum stillen Verweilen einladen und mit einem malerischen Ausblick locken. Am Horizont zeichnet sich die Alpenkette ab.

Sodann wenden wir uns nach rechts auf den **Harthauser Weg**, der uns zwischen Feldern hindurch und an

> *Die Gründung von Hohenbrunn wird auf 814 datiert. Nicht ganz so alt, aber auf mittelalterlicher Grundlage im spätgotischen Stil erbaut ist die Kirche St. Stephanus, die dem ersten Märtyrer geweiht ist. Ihren barocken Zwiebelturm erhielt sie 1680.*

Entschleunigungstour 13

Pferdekoppeln vorbei bis zur **Flößergasse** bringen wird. Kurz vorm Ziel kommt es zu einer überraschenden Begegnung mit Astrid Lindgren. An der furchigen Rinde eines prächtigen Baumstamms, zu dessen Füßen ein weiterer Bildstock und eine mit einem Herz verzierte Sitzbank stehen, hängt eine **Schiefertafel** ❺ mit einem Zitat der schwedischen Autorin von Pippi Langstrumpf. Sie spricht uns aus der Seele: „Und dann muss man ja auch noch Zeit haben, einfach dazusitzen und vor sich hin zu schauen."

Ja, denken wir, wo sie recht hat, hat sie recht. Also nehmen wir uns die Zeit, hocken uns nieder und genießen in aller Ruhe das wunderschöne Landschaftsbild. Und das tut einfach richtig gut!

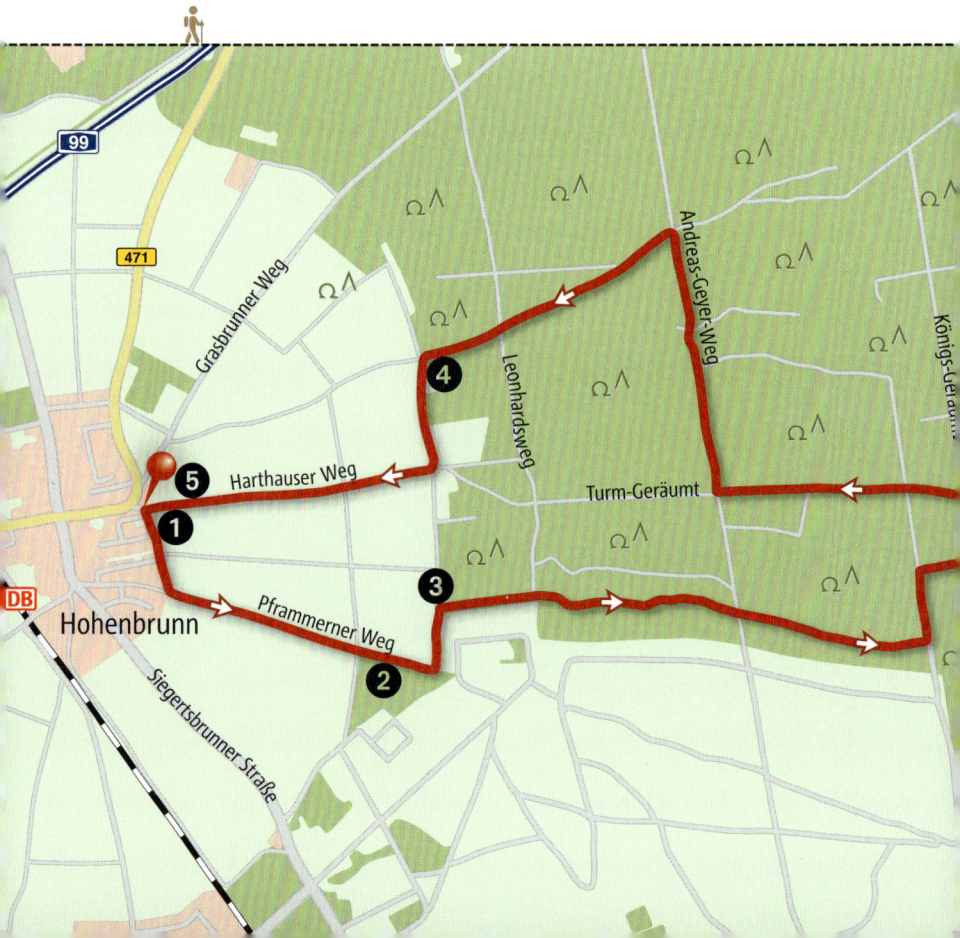

Alles auf einen Blick

WIE & WANN:
Wiesen-, Wald- und Wirtschaftswege; ganzjährig möglich,
jede Jahreszeit hat ihren Reiz; festes Schuhwerk erforderlich

HIN & WEG:
Auto: Parkmöglichkeit in der Flößergasse, 85662 Hohenbrunn (GPS: 48.048258, 11.706007)
ÖPNV: S 7 bis Hohenbrunn; 10 Min. Fußweg über Bahnhofstraße,
Kirchstockacher Straße, Pframmerner Weg – dort Einstieg in die Tour

ESSEN & ENTSPANNEN:
Keine Einkehrmöglichkeit unmittelbar an der Strecke;
Rucksackverpflegung nicht vergessen!
In der Nähe bietet sich an (knapp 15 Autominuten entfernt):
Ayinger Bräustüberl, Münchener Straße 2, 85653 Aying,
Tel. (0 80 95) 13 45, www.ayinger-braeustueberl.de

ENTDECKEN & ERLEBEN:
Informationstafel ❶
Naturdenkmal Altlauf ❷
Poesie-Bank ❸
Bilderrahmen vor der Kulisse Hohenbrunns ❹
Schiefertafel mit Spruch von Astrid Lindgren ❺

Entspannung ✶✶✶✶✶
Genuss ✶✶✶✶✶
Romantik ✶✶✶✶✶

Entschleunigungstour 14

München und sein Umland sind mit einer Vielzahl von Seen beglückt. Einer davon ist der Ismaninger Speichersee, auch Ismaninger Teichgebiet genannt, im Nordosten von München. Jedoch haben ihn die wenigsten Münchner auf dem Schirm, wissen mitunter nicht einmal von seiner Existenz. Ein Grund könnte sein, dass er kein Badesee ist, mehr noch: Es herrscht striktes Badeverbot. Gleichwohl muss er sich nicht verstecken. Seine Attraktivität verdankt der 1929 angelegte Stausee der einmaligen landschaftlichen Weite, in die er eingebettet liegt und in die wir uns auf Anhieb verliebt haben. Vor allem bei Sonnenauf- und -untergängen gibt er sich vollends als Romantiker zu erkennen. Zudem ist der große Unbekannte nicht ansatzweise so überlaufen wie andere Gewässer. Zumindest werktags begegnen dem Seelenwanderer nur vereinzelt Jogger und Hundehalter, dafür umso mehr Wasservögel, selbst Kormorane.

Romantischer Sonnenaufgang

Weite tanken
Der Ismaninger Speichersee

Wir starten unseren Rundweg in der **Bayernwerkstraße,** in der wir unser Auto vorschriftsmäßig abgestellt haben, wenden uns mit den Häusern von Neufinsing im Rücken nach links (südlich) und folgen dem Straßenverlauf. Zunächst überqueren wir einen Autohof – links eine Garagenzeile, rechts Stellplätze –, an dessen Ende sich ein stählerner Strommast in den

Entschleunigungstour 14

noch dämmrigen Himmel stemmt. Es ist kurz nach 6 Uhr in der Früh. Uns stand der Sinn nach einer Wanderung mit Sonnenaufgang und der steht nun unmittelbar bevor. Wir gehen am Donau-Mast vorbei – benannt ist er nach seinem ersten Einsatzort, einer Hochspannungsleitung entlang des Donautals im Jahr 1927 – und die dahinterliegende Straße **Am Vorfluter** entlang. Sie führt uns durch eine Siedlung am Ortsrand von Neufinsing. Kurz darauf treffen wir auf einen Querweg **(Neubruch),** an dem wir uns zunächst nach rechts wenden, um nach wenigen Metern links in einen Feldweg abzubiegen. Diesem werden wir knapp 2,5 Kilometer bis zum Mitteldamm folgen, der den rund 6 Quadratkilometer großen Speichersee – die Fläche von 812 Fußballfeldern – in ein Westbecken und ein Ostbecken teilt.

Vom Speichersee bekommen wir allerdings bis dorthin nichts zu sehen: Auf der rechten Seite ist der Feldweg zunächst von einem schmalen Spalier aus Bäumen und Sträuchern flankiert, unterhalb verläuft ein Bach (der sogenannte Bachsammler). Dahinter wiederum erhebt sich ein Deich, der uns den Anblick des Sees konsequent verwehrt. Links vom Feldweg be-

Die Morgensonne taucht die Landschaft in ein stimmungsvolles Licht

Der Ismaninger Speichersee

finden sich landwirtschaftliche Flächen, ab und zu von vereinzelten Wäldchen, Hecken und kleineren Gehölzen unterbrochen, die als Abgrenzung zwischen Feldern und als Windbrecher dienen. In einiger Entfernung überragen mehrere weiße, futuristisch anmutende Kuppeln eine Baumgruppe: Es sind die Fermenter der **Biogasanlage Pliening** ❶. Ende Dezember 2006 war sie Schauplatz einer Premiere: Damals speiste erstmals eine Biogasanlage in Deutschland ihr auf-

Schleusen am Vorflutgraben kurz vorm Mitteldamm

❁ Für die Seele

Die Weite der Ackerflächen, das Nordsee-Feeling auf dem Mitteldamm, das Alpenpanorama und der Vogelreichtum kitzeln Glückshormone dutzendweise hervor.

bereitetes Gas ins Netz. Seitdem sind dort von den umliegenden Landwirten Abermillionen Tonnen Mais und Ganzpflanzensilage vergoren worden.

Während wir weiter Richtung Damm gehen, schwingt sich hinter uns die Morgensonne auf. Noch ist sie hinterm Horizont verborgen, doch hat sie den ganzen östlichen Himmel bereits in ein diffuses Oran-

Erholsame Stille

Der Speichersee, auch Ismaninger Teichgebiet genannt, ist ein Vogelparadies. Im Hochsommer tummeln sich dort um die 50.000 Wasservögel, darunter Haubentaucher, Reiher- und Kolbenenten, Blässhühner, Lachmöwen, Kormorane, Höckerschwäne und Silberreiher.

ge getaucht. Kurz darauf blinzelt uns eine kleine Blitzkante an, die sich binnen Minuten in einen anschwellenden Halbkreis verwandelt, dann in eine kreisrunden Scheibe, die sich immer höher hebt und die Schatten zunehmend schrumpfen lässt. Alles um uns herum wird lichter, Konturen schärfer, Farben froher, das Landschaftsbild heiterer.

Von dieser Stimmung getragen, treffen wir auf die **Speicherseestraße.** Hier wenden wir uns nach rechts und gelangen über die **Landshamer Brücke** auf den einen Kilometer langen Mitteldamm. Das ist der Moment, in dem wir zum ersten Mal den Speichersee und seine Anlage zu Gesicht bekommen. Auf der rechten Seite sehen wir zunächst den Bachsammler, der unseren Weg bislang flankierte, links daneben verläuft parallel der Vorflutgraben. Darauf folgen der Mittlere Isarkanal und schließlich das Ostbecken des Speichersees. Auf der linken Seite zeigt sich ein ähnliches Bild, nur dass sich dort zwischen Bachsammler und Vorflutgraben noch eine Reihe von ehemaligen Fischteichen befindet. Einige **Infotafeln** ❷ geben Auskunft über den

Der Ismaninger Speichersee

Speichersee, die Fischteiche und die Bedeutung des Feuchtgebiets als Lebensraum für Wasservögel.

Gleich zu Beginn des Damms, über den wir zur Nordseite des Sees gelangen, liegt in Ufernähe eine kleine Insel, auf der gerade zwei Kormorane die Flügel spreizen und die Morgensonne zu genießen scheinen. Überhaupt kann man – abhängig von der Jahreszeit – an diesem Ort mitunter riesige Vogelschwärme beobachten. Sommers bilden die ehemaligen Fischteiche ein wertvolles Brutgebiet. Vor allem aber ist das Areal eines der wichtigsten Mauser-, Rast- und Überwinterungsplätze Süddeutschlands.

Während wir den Damm überqueren, öffnet sich gelegentlich die aus Bäumen und Sträuchern bestehende Dammbepflanzung und gewährt weite Blicke über beide Seebecken hinweg. Die Ausdehnung des Stausees ist beeindruckend. Und wenn jetzt noch ein kräftiger Sturm das Wasser in Schwingung versetzen und ein Wellentanz beginnen würde, dürfte sich auf dem Damm nicht nur bei Nordlichtern ein Nordseeküsten-Feeling einstellen.

> *Der Ismaninger Speichersee ist ein Stausee, dessen Grund und Seiten ausbetoniert sind. Er wird von Wasser aus dem Werkkanal (Mittlerer Isarkanal) durchströmt.*

Kleine Insel im Speichersee

Entschleunigungstour 14

Laufwasserkraftwerk Finsing

Der Speichersee ist nicht nur ein geschütztes Feuchtgebiet und Rückzugsgebiet für Vögel, er ist zugleich Lebensraum zahlreicher Libellen, Frösche und Fischschwärme. Und auch Wildblumen gedeihen auf dem Mitteldamm und den seitlichen Deichen.

In einiger Entfernung, jenseits des Westbeckens, erkennt man den Münchner Olympiaturm, der in unmittelbarer Nachbarschaft des BMW-Museums steht. Das Museum sehen wir zwar nicht, bewegen uns aber schnurgerade auf die **BMW-Messstrecke** ❸ zu, die entlang des Westbeckens verläuft. Vom Hörensagen wissen wir, dass von dort manchmal das Reifenquietschen der als Erlkönig getarnten Prototypen zu hören ist. Zum Glück bleibt uns das erspart, denn wir verlassen den Damm am Ende nach rechts.

Wer Appetit auf eine kleine Brotzeit verspürt oder die Trockenzone im Mund mit einem Radler oder einer Apfelschorle befeuchten will, folgt gleich darauf dem Abzweig nach links und gelangt unterhalb des Deichs über den **Almweg** zur **Finsinger Alm** ❹ (bitte Öffnungszeiten prüfen!). Nach gut 600 Metern hat man das von Wiesen und Feldern umzingelte Lokal mit dem netten Biergarten (März bis Oktober) und der Sonnenterrasse erreicht. Nach dem Erfrischungsstopp kehrt man am besten auf demselben Weg zum Abzweig zurück.

Der Ismaninger Speichersee

Unsere Hauptroute führt am Abzweig rechts auf dem Deichweg weiter. Die folgenden 2,5 Kilometer beglücken uns mit wunderbaren Ausblicken auf die Alpen, die bei klarem Wetter wunderschön anzuschauen sind und bei Föhnlage zum Greifen nah wirken. Wie gerufen befinden sich entlang des Wegs einige Bänke, sodass wir diesen malerischen Ausblick in aller Ruhe genießen und Kraft schöpfen. Besonders hübsch wird's, wenn sich die vorüberziehenden Wolken auch noch im Wasser spiegeln.

Wir gehen bis zum **Laufwasserkraftwerk Finsing ❺**. Dort verlassen wir den Deichweg nach links und treffen nach rund 100 Metern auf die **Seestraße,** folgen ihr um das Kraftwerk herum, bis sie sich mit der Eschenstraße zur Linken und der **Bayernwerkstraße,** in der wir unser Auto abgestellt haben, zur Rechten kreuzt.

Doch bevor wir dorthin gehen, entdecken wir gegenüber der Kreuzung eine kleine Grünfläche, auf der eine Kapelle mit kleinem Satteldachbau und Dachreiter steht. Sie ist 1911 erbaut und 2011 renoviert worden. Vor ihrem Eingang laden einige Bänke ein, sich

Kapelle mit kleinem Satteldachbau

Skulptur „Finsing Geo"

Entschleunigungstour 14

niederzulassen. Im übertragenen Sinne manifestiert sich in dieser **Dorfkapelle 6** der Atem der Geschichte von Finsing, dessen Mitte die kleine Kirche markiert. Der um 1920 entstandene Ort entwickelte sich vor allem in den 1920er-Jahren durch den Bau des Kanals und des Kraftwerks. Neben der Kapelle steht eine **Skulptur „Finsing Geo"** der Düsseldorfer Künstlerin Julia Alberti. Die Silhouette des Speichersees mit den Fischteichen, die sie einer Luftaufnahme entnahm, habe sie zu diesem Werk inspiriert. Somit endet unsere Wanderung, indem wir einige der noch frischen Eindrücke in der Gestaltung der Holzstele wiedererkennen. Man könnte sagen: Die Betrachtung der Skulptur fühlt sich wie eine Zusammenfassung des Erlebten an.

Alles auf einen Blick

WIE & WANN:
Asphaltierte Straßen, befestigte Feld-, Kies- und Schotterwege; ganzjährig begehbar; der Weg bietet kaum Schatten, Sonnenschutz ratsam

HIN & WEG:
Auto: Parkmöglichkeit in der Bayernwerkstraße, 85464 Finsing (GPS: 48.220464, 11.799542)
ÖPNV: Ab Markt Schwaben oder Erding Bus 568 bis Neufinsing Rathaus;
Sa., So. Rufbus 5680, Anmeldung 40 Min. vor Abfahrt unter Tel. (0 80 84) 9 45 02;
alternativ U 2 bis Messestadt Ost, ab dort Bus 262 bis Neufinsing Rathaus (nur Mo.–Fr.)

ESSEN & ENTSPANNEN:
Finsinger Alm ❹ Almweg 38, 85464 Finsing, Tel. (0 81 23) 98 89 00, www.finsingeralm.de
Weitere Einkehrmöglichkeit in der Nähe:
Restaurant Birkenhof ❼ Ismaninger Straße 263, 85609 Aschheim,
Tel. (0 89) 94 38 72 19, www.aschheim-birkenhof.de

ENTDECKEN & ERLEBEN:
Biogasanlage Pliening ❶
Infotafeln ❷
BMW-Messstrecke ❸
Laufwasserkraftwerk Finsing ❺
Dorfkapelle und **Skulptur „Finsing Geo"** ❻

Entspannung ★★★★★
Genuss ★★★★☆
Romantik ★★★★★

Im Maximilianshof

* 8 Kilometer
* 20 Höhenmeter
* 2 Stunden
* Rundweg

Entschleunigungstour 15

Der Rundweg durch Oberschleißheim hat viel zu bieten. Gleich drei kurfürstliche Land- und Lustschlösser stehen auf dem Programm: das Alte Schloss Schleißheim (1623), das Neue Schloss Schleißheim (1719) und Schloss Lustheim (1685) erzählen vom Haus Wittelsbach. Um das Jahr 1000 begann dessen Familiengeschichte – sie dauert bis heute an. Pfalzgrafen, später Herzöge, Kurfürsten und Könige von Bayern, ja, sogar Kaiser des Heiligen Römischen Reichs gingen aus dem Geschlecht hervor.

Von der **Effnerstraße** im Wilhelmshof gehen wir durch das große **Mitteltor mit dem Uhrenturm** und gelangen in den **Maximilianshof.** Jetzt haben wir einen freien Blick auf das **Alte Schloss Schleißheim** ❶ mit der großen Freitreppe davor. So hat es 1623 ausgesehen. Kein prunkvoller Bau, eher bescheiden und harmonisch wirkt das Gebäude. Im Alten Schloss ist heute ein Museum untergebracht, eine Zweigstelle des Bayerischen Nationalmuseums.

Die Geschichte des Alten Schlosses Schleißheim begann 1598 mit der Errichtung eines Landsitzes im italienischen Stil durch Herzog Wilhelm V. Dessen Sohn Maximilian I. ließ dieses Herrenhaus 1617 abreißen und durch das jetzige Alte Schloss ersetzen.

Auf der linken Seite befindet sich ein weiterer Torbogen, durch den wir das Parterre zwischen dem Al-

Adelige Pfade
Schleißheimer Schlösser-Trio

ten und dem **Neuen Schloss Schleißheim** ❷ erreichen – mit symmetrisch angelegten Beeten und Rasen, mit dekorativ beschnittenen Buchsbaumhecken und einem Wasserbecken mit Fontäne in der Mitte. Das war früher der Platz für Repräsentationen, hier fuhren die geladenen Gäste mit ihren Kutschen vor.

Wir folgen rechts dem bekiesten **Fliederweg,** der

Entschleunigungstour 15

vorm Alten Schloss entlangführt, mit Blick aufs imposante, nach dem Vorbild von Versailles errichtete Neue Schloss. Dabei passieren wir die **Schlosswirtschaft Oberschleißheim** ❸ samt Biergarten und Alm. Wir folgen der Beschilderung **Klausenweg** und gelangen über eine Brücke, die den Südlichen Schlosskanal unterquert und uns auf die parallel zum Kanal verlaufende **Münchner Allee** führt. In diese biegen wir nach links ein. Für 1,7 Kilometer folgen wir dem Wegweiser Richtung **Hochmutting:** zunächst über eine Baumallee, dann durch die weitläufige Hochmuttinger Heide. Das Trockenbiotop ist Heimat für seltene Pflanzen und Tiere wie die vom Aussterben bedrohten Tagfalter und Feldlerchen.

Kurz bevor wir Hochmutting erreichen, steht am Straßenrand neben einer Bank ein **Gedenkstein** ❹, der daran erinnert, dass sich an dieser Stelle um 1600 eine

Der bayerische Kurfürst Ferdinand Maria veranstaltete gern höfische Jagden in den Schleißheimer Wäldern. Anlässlich der Hochzeit seines Sohnes, des späteren Kurfürsten Max Emanuel, ließ er ab 1684 Schloss Lustheim errichten.

Das große Mitteltor mit Uhrenturm

Schleißheimer Schlösser-Trio

Schwaige (Viehhof) und die **Nikolauskapelle** befanden. Am **Gutshof Hochmutting,** in dem der für die Beweidung der Heideflächen zuständige Schäfer seine Tiere unterbringt, folgen wir dem Wegweiser Richtung

Das nach dem Vorbild von Versailles errichtete Neue Schloss

❀ Für die Seele

Unsere Rundtour bietet traumhaft schöne Schlösser, herrliche Parkanlagen, eine idyllische Heidelandschaft und einen erholsamen Wald mit Kalvarienberg.

Lustheim und biegen nach links auf einen Feldweg ein. Der bringt uns schnurgerade zur Schlossmauer, an der er halb rechts nahtlos in die **Hochmuttinger Straße** übergeht. Nach gut 200 Metern verlassen wir den Weg nach links durch eine Tür in der Schlossmauer und betreten die Parkanlagen von Schloss Lustheim.

Wir überqueren den Schleißheimer Kanal und

Entschleunigungstour 15

Das Ensemble aus Neuem Schloss, Altem Schloss, Schloss Lustheim und der weiträumigen barocken Gartenanlage zeigt dem heutigen Besucher sehr anschaulich und eindrücklich, was höfische Architektur und Gartenkunst des 17. und 18. Jahrhunderts ausmachte.

passieren eine bogenförmige Hecke – wo heute die Hecken sind, standen einst Zirkelbauten, eine Reihe von Festsälen, für die im Schloss kein Platz mehr war. Jetzt gehen wir auf das vom Ringkanal kreisförmig umgebene **Jagd- und Gartenschloss Lustheim ❺** zu. Ende des 17. Jahrhunderts war es Kulisse rauschender Feste und Tanzvergnügen mit üppiger Bewirtung. Zur Linken sehen wir einen Pavillon, in dem sich die **Renatuskapelle ❻** (Oktober bis März geschlossen) befindet, ein Meisterwerk des bayerischen Hochbarock. Wir umrunden Schloss Lustheim und werfen einen Blick über den Mittelkanal hinweg aufs Hauptgebäude des Neuen Schlosses.

Auf demselben Weg geht's zur **Hochmuttinger Straße** zurück, in die wir nach links einbiegen. Wir kommen zum **Restaurant Kurfürst ❼** und der dahinterliegenden

Pavillon mit Renatuskapelle

Schleißheimer Schlösser-Trio

Berglbach

Kapelle Peter und Paul, zu der wir einen kleinen Abstecher machen. Schließlich treffen wir auf die viel befahrene Freisinger Straße, queren sie an einer Fußgängerampel und tauchen auf der **Berglstraße** in den Berglwald ein. Alte Kiefern und Eichen geben hier den Ton an, viele Brombeersträucher bevölkern den Waldboden. Wir ignorieren alle Abzweigungen, bis wir nach gut einem Kilometer nach links den Schildern zum **Waldrestaurant Bergl** ❽ folgen. Es zählt in dieser Gegend zu den ältesten Einkehren. 1802 fing der Wirt an, Bier und Speisen auch vor dem Haus zu verkaufen. Das war die Geburtsstunde des Biergartens Bergl, der heute rund 500 Plätze hat – im Restaurant kommen 150 weitere dazu. Dort befindet sich ein kleiner Hofladen mit Vertrauenskasse – unter anderem gibt es Weizen-

Entschleunigungstour 15

Blick auf den Kalvarienberg

Hofladen beim Bergl

mehl, Kartoffeln, Zwiebeln, Eier und Mehl zu kaufen. Sehenswert sind die **Kapelle St. Ignatius** und ein **Kalvarienberg** ❾ mit einer Kreuzigungsgruppe. Dieses „Bergl" gab der Wirtschaft und dem umgebenden Wald den Namen, wie eine Infotafel erklärt.

Wir verlassen die Waldwirtschaft über die asphaltierte **Jahnstraße.** Sie führt uns zunächst durch den Wald und dann durch eine Wohnsiedlung bis an die **Freisinger Straße.** Diese überqueren wir erneut und erhaschen auf der linken Seite durch eine geöffnete, in die Schlossmauer eingelassene Flügeltür einen Blick auf die **Kunst & Lust-Gärtnerei** im Schlosspark Schleißheim, die an eine Streuobstwiese grenzt. Sodann halten wir uns rechts, passieren das **Rathaus Oberschleißheim** und gelangen zum **Max-Emanuel-Platz.** Links liegt der

Blick entlang des Nördlichen Schlosskanals

Entschleunigungstour 15

Das ab 1701 erbaute Neue Schloss Schleißheim spiegelt die Großmachtpläne des Kurfürsten Maximilian II. Emanuel von Bayern. Die Baustoffe wurden über eigens zu diesem Zweck gebaute Kanäle angeliefert.

kleine **Luitpoldpark** ❿, 1912 als Ehrenhain für Prinzregent Luitpold angelegt, mit dem Luitpold-Denkmal von Franz Drexler aus den Jahren 1912/13.

Wir schwenken nach links ein, überqueren den Nördlichen Schlosskanal und biegen wenige Schritte später in den bekiesten **Fliederweg** ein, der uns zum Alten Schloss zurückbringt. Auf der linken Seite haben wir noch einmal einen schönen Blick auf die prachtvolle Fassade des Neuen Schlosses.

Kurz vor der Freitreppe des Alten Schlosses biegen wir rechts in den Torbogen zum **Maximilianshof** ein. Hier bestaunen wir noch einmal das große historische Mitteltor mit Uhrenturm und Spitzhelm. Ein letztes Mal durchschreiten wir es und erreichen wieder die **Effnerstraße** im Wilhelmshof.

Alles auf einen Blick

WIE & WANN:
Asphaltierte Straßen, Wirtschaftswege, Park-, Kies- und Waldwege; ganzjährig möglich

HIN & WEG:
Auto: Parkplatz Effnerstraße (am Alten Schloss),
85764 Oberschleißheim (GPS: 48.249061, 11.557554)
ÖPNV: S 1 bis Oberschleißheim; 15 Min. Fußweg zum Ausgangspunkt
über Rotdornstraße, Mittenheimer Straße, Effnerstraße

ESSEN & ENTSPANNEN:
Schlosswirtschaft Oberschleißheim ❸ Maximilianshof 2, 85764 Oberschleißheim,
Tel. (0 89) 3 15 15 55, www.schlosswirtschaft-oberschleissheim.de
Restaurant Kurfürst ❼ Hochmuttinger Straße 15, 85764 Oberschleißheim,
Tel. (0 89) 3 15 45 43, www.restaurant-kurfuerst.de
Waldrestaurant Bergl ❽ Bergl 1, 85764 Oberschleißheim, Tel. (0 89) 3 15 01 05
Lohnende Einkehrmöglichkeiten in der Nähe sind:
Schlosscafé Oberschleißheim, Freisinger Straße 6, 85764 Oberschleißheim,
Tel. (0 89) 37 55 93 93, www.xn--schlosscaf-k7a.de
Café zum Schloss, Dachauer Straße 15, 85764 Oberschleißheim,
Tel. (0 89) 37 55 98 28, www.cafezumschloss.de

ENTDECKEN & ERLEBEN:
Altes Schloss Schleißheim ❶

Entspannung ✦✦✦✦✦
Genuss ✦✦✦✦✦
Romantik ✦✦✦✦✦

Neues Schloss Schleißheim ❷
Gedenkstein Nikolauskapelle ❹
Jagd- und Gartenschloss Lustheim ❺
Renatuskapelle ❻
Kalvarienberg ❾
Luitpoldpark ❿

Über den Zulaufgraben des Deininger Weihers

- ❄ 9 Kilometer
- ❄ 90 Höhenmeter
- ❄ 2 Stunden
- ❄ Rundweg

Erfrischungstour 16

Als es nach der letzten Eiszeit den Gletschern zu warm wurde, formten ihre Schmelzwasserströme das Gleißental zwischen Deining und Deisenhofen. So entstand der idyllische Deininger Weiher.

Wir gehen vom Parkplatz zum **Waldhaus Deininger Weiher** ❶. Hinter dem Zugang zum Biergarten halten wir uns links und passieren den einzigen Abfluss des Weihers, den Gleißenbach, der schon nach ein paar Hundert Metern im Boden versickert, um weiter talabwärts als Hachinger Bach erneut das Licht der Welt zu erblicken. Wir bleiben auf dem Weg, der in Ufernähe verläuft. Gegenüber blicken wir auf die Sonnenterrasse des Lokals, sie ist gut gefüllt. Seit der Südtiroler Wirt Markus Tschurtschenthaler das Waldhaus 2012 übernommen hat, mauserte es sich zum beliebten Ausflugsziel: Speis, Trank und Service sind top, die Lage inmitten des Naturschutzgebietes samt Bademöglichkeit ist umwerfend.

Beeindruckendes Panorama am Deininger Weiher

Wald und Moor
Deininger und Aufhofener Weiher

Erfrischungstour 16

Wir gehen am Weiher entlang, der rund 100 Meter breit, 260 Meter lang und maximal 1,80 Meter tief ist. Solange noch kein Badewetter herrscht, sind allenfalls Enten auf und am Wasser zu beobachten. Sie schwimmen gemächlich übers dunkelbraune Moorwasser oder watscheln in Ufernähe herum.

Schon bald schieben sich Schilffelder zwischen uns und den Weiher, bis ein Weg nach rechts abzweigt, über den wir in gut 20 Minuten wieder zum Waldhaus gelangen würden. Wir bleiben jedoch auf dem breiter werdenden Hauptweg, durchqueren ein kleines Waldstück und lassen auch den nächsten Abzweig rechts liegen, über den wir ebenfalls zum Biergarten zurückkehren könnten. Dabei folgen wir dem Wegweiser Richtung **Aufhofen.** Haben bisher immer wieder Spaziergänger unseren Weg gekreuzt, sind wir fortan allein unterwegs – was uns gerade recht ist.

Mit jedem Meter weitet sich das Tal, rechts von uns machen sich Moorflächen breit. Vorbei an Streuwiesen führt uns ein Forst- und Wirtschaftsweg im großen Bogen leicht ansteigend in das große Waldgebiet rund um den Nebelberg hinein. An nächsten Ab-

Entspanntes Wandern

Deininger und Aufhofener Weiher

Josefikapelle

zweig halten wir uns links. Die folgenden anderthalb Kilometer steigt der Weg spürbar an, am Ende bewegen wir uns rund 60 Meter höher als zuvor. Zu beiden Seiten recken sich Fichten wie Spargelstangen in die Höhe. Glücklicherweise stehen sie nicht zu dicht, sodass der einfallende Sonnenschein das Frauenholz – so heißt der Wald hier – in ein angenehmes Licht taucht. Wir ignorieren mögliche Seitenwege und treten nach weiteren 400 Metern aus dem Wald heraus. Vor uns erkennen wir die ersten Häuser von **Aufhofen,** einem Ortsteil der Gemeinde Egling. Dahinter grüßen in der Ferne die Alpen mit zackigem Profil. Welch ein schöner Weitblick!

Für die Seele

Uns begleiten weite Streuwiesen mit seltenen Strauchbirken und das lichte Frauenholz. Idyllische Weiher laden sommers zum Erfrischungsbad ein.

Erfrischungstour 16

Blick übers Deininger Moor

Wenige Minuten später erreichen wir die kleine, 2002 erbaute Josefikapelle ❷ mit ihrer weiß getünchten Fassade und den zwei Säulen, auf denen ihr Vordach ruht. Von zwei Bänken lassen wir uns zu einer Ruhepause überreden. Unser Blick schweift über die Silhouette des Dorfes. Es hat sich zwischen sanften Hügeln, die wie in einen sattgrünen Grasteppich gehüllt wirken, gemütlich eingenistet, nur noch überragt vom Spitzhelm der Filialkirche St. Valentin. Seitlich, etwas unterhalb, lacht uns der Aufhofener Weiher an, in dem wir an einem heißen Sommertag sicher ein herrliches Erfrischungsbad nehmen würden. Teilweise von einem Schilfband umgeben, schmiegt er sich an dem uns zugewandten Ufer an einen Waldrand an. Gleich daneben ein weiteres Highlight des 200-Seelen-Dorfes Aufhofen: der Gasthof Jägerwirt ❸ mit seinem Biergarten. In dem wiederholt für seine „ausgezeichnete bayerische Küche" prämierten Familienbetrieb kommen nur frisch zubereitete Produkte aus der Region auf den Tisch.

Doch heute ziehen wir weiter. Direkt an der Josefikapelle folgen wir dem Schotterweg, der uns oberhalb des Weihers nach wenigen Metern wieder ins kühle

> *Historisch war Aufhofen adelige Hofmark. Dort stand ein imposantes Herrenhaus mit großem Waldbesitz. Ein Hofmarkjäger betreute die Jagd. Aus dem ehemaligen Jägerhaus wurde schließlich der heutige Gasthof Jägerwirt mit dem zugehörigen Badeweiher.*

Deininger und Aufhofener Weiher

Frauenholz führt. Nach etwa 400 Metern macht der Weg eine Rechtskurve. Von nun an geht es wieder leicht bergan und tiefer ins Gehölz hinein. 10 Gehminuten später und 30 Meter höher biegen wir an einem Abzweig nach links. Fortan geht es, zunächst kaum merklich, stetig abwärts. Nach weiteren 600 Metern treffen wir auf einen (nicht zu übersehenden) Querweg, auf den wir scharf rechts einbiegen. Es geht eben weiter, dann erneut bergab.

Kurz bevor wir das Waldgebiet verlassen, haben wir links, wenige Schritte abseits des Wegs, einen schönen Blick übers **Deininger Moor** ❹.

Eine starke Kulisse: Streuwiesen und Grünland sind zu sehen, Zwergsträucher und Grasheiden, ein dünner Streifen Moorwald sowie eine große Gruppe Strauchbirken. Wie herrlich!

Kurz darauf treffen wir wieder auf den Forst- und Wirtschaftsweg, den wir bereits kennen. Vor anderthalb Stunden sind wir hier in das große Waldgebiet rund um den Nebelberg abgebogen. Wir wenden uns nach links, zurück Richtung Deininger Weiher. Nach

Das Deininger Moor ist das wertvollste Moor im Landkreis München. Die streugenutzten blütenreichen Pfeifengraswiesen zeichnen sich durch enormen Artenreichtum aus. Die Herbstfärbung reicht von Gelb über Gelbbraun bis hin zu rotbraunen Tönen – wunderschön.

Gut besuchte Sonnenterrasse des Waldhauses

Erfrischungstour 16

400 Metern kommen wir an einen Abzweig und halten uns links, verlassen also den bereits bekannten Weg wieder. Nach wenigen Minuten überqueren wir den von Schilf gesäumten **Zulaufgraben des Deininger Weihers** ❺. In dem als **Biotop und Vogelschutzgebiet** ❻ gekennzeichneten Areal zur Rechten geht es nicht nur feucht, sondern auch quietschlebendig zu. Mit ausreichend Geduld kann man viele Vogelarten beobachten, auch Blindschleichen, Ringelnattern und Kreuzottern fühlen sich in diesem Gelände „schlangenwohl".

An der nächsten Querstraße wenden wir uns nach rechts, folgen der Beschilderung Richtung **Waldhaus Deininger Weiher,** das wir über einen Waldweg nach gut 10 Minuten erreichen. Wie gut, dass wir reserviert haben.

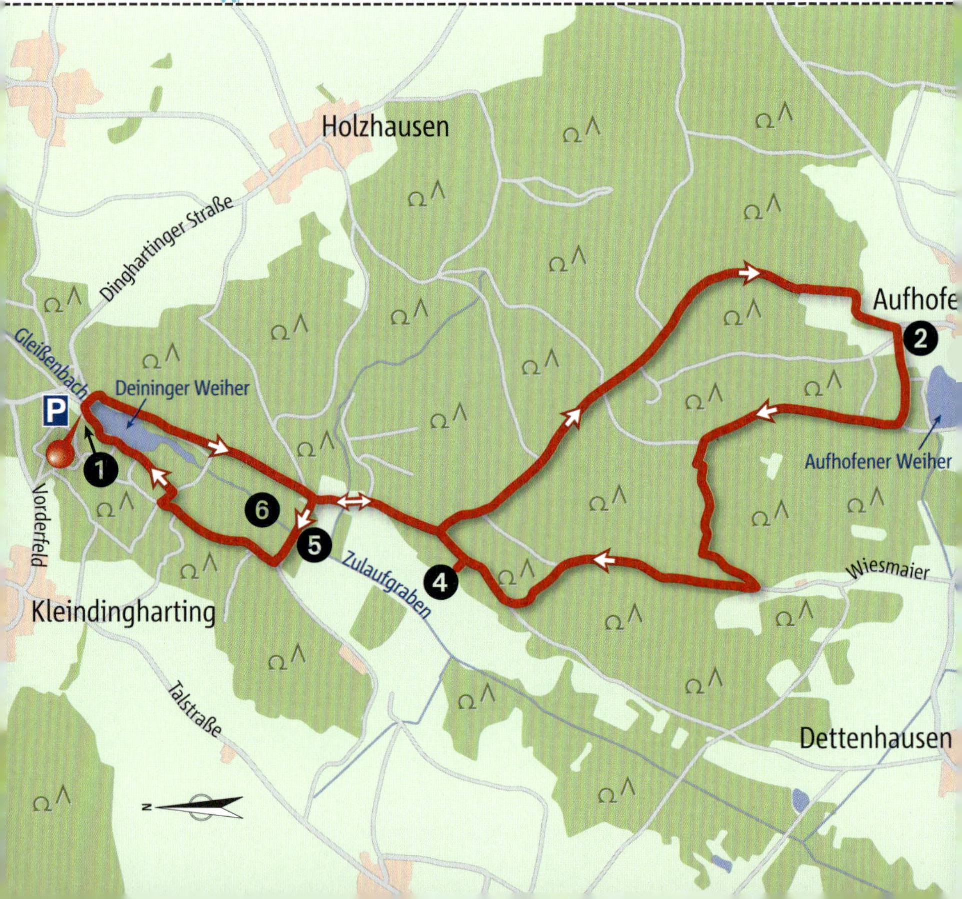

Alles auf einen Blick

WIE & WANN:
Schotter-, Wirtschafts- und Forstwege; ganzjährig möglich,
im Winter keine Schneeräumung. Bei Regen weichen die Uferwege am
Deininger Weiher auf. Festes Schuhwerk ist ratsam.

HIN & WEG:
Auto: Parkplatz am Deininger Weiher, 82064 Straßlach-Dingharting (GPS: 47.967883, 11.524962)
ÖPNV: S 7 bis Höllriegelskreuth, ab dort Bus 271 Richtung Deining/Dietramszell
bis Kleindingharting; 15 Min. Fußweg zum Ausgangspunkt über Schäftlarner Straße,
Vorderfeld, rechts in die Gleißentalstraße

ESSEN & ENTSPANNEN:
Waldhaus Deininger Weiher ❶ Deininger Weiher 4, 82064 Straßlach-Dingharting,
Tel. (0 81 70) 9 98 70 0, www.waldhaus-deiningerweiher.de
Gasthof Jägerwirt ❸ Hofmarkstraße 10, 82544 Egling,
Tel. (0 81 76) 3 67, www.gasthof-jaegerwirt.de

ENTDECKEN & ERLEBEN:
Josefikapelle ❷
Blick übers Deininger Moor ❹
Zulaufgraben des Deininger Weihers ❺
Biotop und Vogelschutzgebiet ❻

Entspannung ✶✶✶✶✶
Genuss ✶✶✶✶✶
Romantik ✶✶✶✶✶

Erfrischungstour 17

Durchs Grüntal
Zum Poschinger Weiher

Neun Brücken, ein Kanal und ein Weiher, der immer noch als Geheimtipp gilt, bestimmen unsere Rundtour. Die 1924 errichtete Korsobrücke, eine Bogenbrücke aus Stahlbeton, macht den Auftakt. Wir erreichen sie von der **Mauerkircherstraße** aus über die (autofreie) Mittlere-Isar-Straße. Sie bringt uns unweit vom Stauwehr Oberföhring am Einlauf des Mittleren Isarkanals über den Kanal und eine schmale Steintreppe ans Ostufer der **Isarinsel Oberföhring** ❶.

Und schon löst das Grüntal sein erstes Versprechen ein, das in seinem Namen anklingt. Wohin unser Auge auch fällt, überall grünt es so grün: im Auwald zur Linken, entlang der Uferbepflanzung – selbst das Wasser im Kanal spiegelt eine grüne Farbpalette.

Knapp 500 Meter weiter erwartet uns eine weitere Schönheit, die **Haimonbrücke** (früher Postwegbrücke) ❷, ebenfalls 1924 gebaut. In einem sanften Bogen quert die Fußgängerbrücke den Kanal, dicht überwuchert von sattgrünem Efeu, der seine langen, dünnen, blattreichen Triebe wie einen Vorhang übers Wasser fallen lässt. Sodann steigen wir eine leicht gewundene Steintreppe zur malerischen Brücke hinauf und auf der anderen Seite wieder herab.

Gerade einmal 400 Meter später passieren wir die nächste Kanalbrücke, über die es ein Katzensprung bis zur historischen **St. Emmeramsmühle** ❸ mit ihrem idyllischen Biergarten wäre. Unser Weg führt jedoch weiter den Mittleren Isarkanal entlang. Dann beeindruckt uns die augenfällige Architektur eines Doppel-

Die Isarinsel Oberföhring erstreckt sich vom Stauwehr Oberföhring bis zur Herzog-Heinrich-Brücke. Das rund 22 Hektar große, mit alten Bäumen bestandene Freizeitgelände wurde 1976 bis 1978 angelegt. Zuvor gehörte es der Bayernwerk AG.

Der Mittlere Isarkanal verläuft erst parallel zur Isar, zweigt hinter Unterföhring ab und mündet – 64 Kilometer später, 109 Meter tiefer – in Landau wieder in die Isar. Er passiert sieben Kraftwerke, die sein Gefälle nacheinander zur Stromgewinnung nutzen.

Seitenblick auf den parallel verlaufenden Rad- und Fußweg nebst Isar

hauses am Oberföhringer Ufer: leicht gewölbte Tonnendächer, großzügige Sprossenfenster. Wie zwei nebeneinanderliegende Mississippi-Queen-Raddampfer ❹ lugen sie aus der grünen Ummantelung hervor – zum Kanal hin dichte Sträucher, seitlich und im Rücken hoch gewachsene Laubbäume mit üppiger Krone. Dazu die vier Schornsteine aus Edelstahl, aus einem steigt Rauch. Man wartet nur darauf, dass jemand ruft: Leinen los!

Kurz darauf lassen wir eine weitere Brücke rechts liegen, über welche die Mittlere-Isar-Straße die Isarinsel Oberföhring wieder verlässt.

Wir bleiben auf dem Uferweg, der sich kaum spürbar zum Dammweg mausert und über den Kanal erhebt. Auf der linken Seite etwas unterhalb verläuft parallel ein Rad-/Fußweg. Dahinter, durch einen Baumstreifen getrennt, bahnt sich die Isar ihren Weg. Sodann unterqueren wir zunächst die nach Heinrich dem Löwen, dem Gründer Münchens, benannte Herzog-Heinrich-Brücke (Achtung: Kopf einziehen!), über die der verkehrsreiche Föhringer Ring verläuft. Nun folgen kurz aufeinander zuerst die Leinthaler-

Zum Poschinger Weiher

brücke, anschließend eine Eisenbahnbrücke (Achtung: Kopf noch tiefer einziehen!). Die beiden Gleise liegen auf einem rund 140 Meter langen geschweißten Durchlaufträger. Wer unter der Eisenbahnbrücke einen Blick in ihr Inneres riskiert, kann ein imposantes Stahlgerippe bestaunen.

Wir ziehen weiter, immer am Damm entlang. In einiger Entfernung erhebt sich auf der anderen Uferseite über den Baumkronen die verschindelte Zwiebelhaube der Unterföhringer **Pfarrkirche St. Valentin 5**. Auf Höhe der Kirche spannt sich eine schmale Fußgängerbrücke über den Kanal, über die wir, wenn wir wollten, einen Abstecher zu ihr machen könnten.

Wenige Schritte später verabschiedet sich der Kanal langsam, aber sicher von der Isar. Wir bleiben ihm treu und folgen dem Dammweg, der jetzt eine lang ge-

Doppelhaus am Oberföhringer Ufer

 ## Für die Seele

Zwei Inseln, ein idyllischer Weiher, ein verwunschenes Bächlein und wilder Auwald prägen diese Tour. Auch müssen wir über so manche Brücke gehen.

Erfrischungstour 17

Der Poschinger Weiher entstand nach dem Ersten Weltkrieg. Für den Bau des Isarwerkkanals benötigte man Kies, der hier abgebaut wurde. Ende der 1980er-Jahre ist das Areal zum Erholungsgebiet geworden. In unmittelbarer Nähe liegt ein Aussichtsberg (Hypoberg).

zogene Rechtskurve nimmt. Zur Linken öffnet sich gelegentlich die Uferbepflanzung, sodass wir einen ersten Blickkontakt zum idyllischen Poschinger Weiher bekommen. Rund 200 Meter vor der nächsten Kanalbrücke (Münchner Straße) nähert sich von links ein zweiter Weg, der sich mit dem unseren im spitzen Winkel vereint. Den schlagen wir nach links ein, um uns nach wenigen Metern rechts einem Trampelpfad anzuvertrauen. Leicht abfallend geleitet er uns erst in Serpentinen einen Waldhang hinunter, dann kurvenreich über eine offene Grünfläche bis zur Straße **Am Poschinger Weiher** – nahe einem Schild, das darauf hinweist, dass hier **Krötenwanderungen** möglich sind. Circa 1,5 Kilometer lang ist die Runde um den idyllischen Weiher mit einer kleinen Insel, einem Biotop für Vögel, das nicht betreten werden darf. Obwohl der Weiher alles hat, was einen guten Badesee auszeichnet – große Liegewiesen, Spiel- und Bolzplatz, Gastronomie und sogar behindertengerechte Toiletten –, ist er

Am Poschinger Weiher

Zum Poschinger Weiher

Entspannung am Ufer

Idyll am Brunnbach

im Sommer längst nicht so überlaufen wie andere Seen und Weiher in und um München.

Von der Straße biegen wir links auf einen kleinen Weg ein, der uns, immer in Ufernähe, um den Weiher führt – vorbei an der Seewirtschaft 6, einer einladenden Gaststätte mit schattigem Biergarten. Etwa 300 Meter nach dem Biergarten stoßen wir auf einen breiteren Weg, der oberhalb des Weihers und unterhalb des Damms verläuft. Wir halten uns links. Keine zehn Minuten später schließt sich der Kreis um den Poschinger Weiher. Wir gehen zur Brücke der Münchner Straße, wechseln über sie hinweg die Uferseite und laufen immer am Kanal entlang zurück zur Leinthalerbrücke. Über diese wechseln wir zur anderen Uferseite auf den schon bekannten Weg. Wir unterqueren die Herzog-Heinrich-Brücke (auch jetzt gilt wieder: Kopf einziehen!), um bei der nächsten Brücke (Mittlere-Isar-Straße) ein letztes Mal die Seiten zu wechseln.

Erfrischungstour 17

Zur Linken begleitet uns fortan der **Brunnbach** ❼, der im Herzogpark entspringt, von Grundwasser gespeist wird und direkt neben der Brücke, über die wir gerade gegangen sind, einen Bogen Richtung Kanal und Isar schlägt. Im weiteren Verlauf serviert uns das idyllische Bächlein wiederholt Natureindrücke wie aus einem Bilderbuch. Manche Stellen sind so malerisch oder verwunschen, dass wir innehalten und einfach nur staunen. In der Hoffnung, dieses Bild, diese Stimmung wie ein trockener Schwamm aufzusaugen und mit nach Hause zu nehmen.

An der Korsobrücke verlassen wir den Kanal nach links und stehen nach wenigen Schritten wieder auf der **Mauerkircher Straße,** in der unsere Tour durchs Grüntal begann.

Alles auf einen Blick

WIE & WANN:
Asphaltierte Straßen, befestigte Damm-, Wiesen- und Waldwege;
ganzjährig begehbar, im Winter jedoch nicht geräumt

HIN & WEG:
Auto: Parkplatz in der Mauerkircherstraße, 81925 München (GPS: 48.168447, 11.620023)
ÖPNV: U 4 bis Arabellapark, von dort Bus 187 Richtung Michaelibad bis Grüntal;
alternativ Tram 16 bis Mauerkircherstraße, von dort Bus 187 Richtung Arabellapark bis Grüntal

ESSEN & ENTSPANNEN:
St. Emmeramsmühle ❸ St. Emmeram 41, 81925 München,
Tel. (0 89) 95 39 71, www.emmeramsmuehle.de
Seewirtschaft ❻ Am Poschinger Weiher 50, 85774 Unterföhring,
Tel. (0 89) 95 00 16 06, www.seewirtschaft-ufg.de

ENTDECKEN & ERLEBEN:
Isarinsel Oberföhring ❶
Haimonbrücke ❷
„Mississippi-Queen-Raddampfer" ❹
Pfarrkirche St. Valentin Unterföhring ❺
Brunnbach ❼

Entspannung ✶✶✶✶✶
Genuss ✶✶✶✶✶
Romantik ✶✶✶✶✶

Erfrischungstour 18

Von Thalkirchen aus die Isar entlang – diese Tour hält einige Attraktionen bereit, die man allerdings nur wahrnimmt, wenn man von ihnen auch weiß. Sie liegen direkt vor den Toren Münchens, umgeben von einladenden Kiesbänken, Schatten spendenden Wäldern und saftig grünen Wiesen.

Auf der Höhe des **Alten Jüdischen Friedhofs** biegen wir von der **Thalkirchener Straße** in die **Dietramszeller Straße** ein. Nach wenigen Metern verlassen wir den Bürgersteig. Ein Kiesweg führt uns durch einen schmalen Grünstreifen, der neben der Straße verläuft. Gegenüber von der Schaftlachstraße folgen wir dem Weg in den kleinen **Dietramszeller Park,** der uns an der Alten Fußballwiese und dem **DAV Kletter- und Boulderzentrum München-Süd** entlangführt. Nach einer Linkskurve gehen wir über die Matthias-Mayer-Straße zur **Schäftlarnstraße.** Wir überqueren diese, wenden uns nach links und passieren einen Gebäudetrakt, der zehn Jahre

Schinderbrücke und Schinderstadl erinnern an die Ortsgeschichte. Neben der Brücke war einst ein Schinder, auch Wasenmeister genannt, ansässig. Sein Job: Tierkadaver verwerten. Schinder hatten einen schlechten Ruf, ihr Gewerbe galt als „unehrlich".

Auf dem Flauchersteg

Ruhige Schönheit
Entlang der Isar und ihrer Auen

Erfrischungstour 18

lang Schauplatz eines medizinischen Experiments war: Ärzte bekämpften Tumoren nicht mit Röntgenstrahlen, sondern mit Protonen – bis zur Insolvenz.

Weiter vorn erreichen wir über die Straße **Am Isarkanal** und eine kleine Wiese die **Schinderbrücke ❶**, die uns über den Großen Stadtbach bringt.

Nun biegen wir nach rechts ab in den **Isarauen-Weg**. Er führt am Biergartenkiosk **Schinderstadl ❷** vorbei direkt auf den **Flauchersteg**. Schon nach wenigen Metern verlassen wir den Steg seitlich über eine Holztreppe, um dann unter ihm hindurch auf den Deich zu gelangen, der den Isarwerkkanal von der Isar trennt. Unterhalb des Deichwegs verläuft ein schmaler Wiesenpfad am Ufer entlang. Wegen seiner reizvollen Nähe zur Isar, streckenweise nur durch einen schmalen Streifen Sträucher vom Wasser getrennt, gehen wir da entlang. In Laufrichtung sehen wir in circa 700 Meter Entfernung die **Thalkirchner Brücke ❸**, die auf der anderen Uferseite in die Tierparkstraße übergeht – sie führt zum Isar-Eingang des Tierparks Hellabrunn. Die flache, an einen Fachwerkbau erinnernde Holzbrücke verbindet den historischen Ortskern von Thalkirchen mit Untergiesing-Harlaching.

Gemütlich wandern wir am Isarufer entlang

Entlang der Isar und ihrer Auen

Je weiter wir uns flussaufwärts bewegen, desto weniger Menschen begegnen uns. Dafür herrscht, seitdem wir den Flaucher passiert haben, auf und an der Isar ein zunehmend buntes, oder eher: weißes Treiben. Unzählige Höckerschwäne geben sich an den grobkieseligen Stränden, den von der Isar umspülten Kiesbänken und im flachen Wasser ein beeindruckendes Stelldichein. Insbesondere über den Winter zieht es viele Vögel hierher, wo es einige Grad wärmer ist als im Umland.

Etwa einen Kilometer nach der Thalkirchner Brücke treffen wir auf den Marienklausensteg, der zur Linken die Isar quert. Auf der rechten Seite fällt unser Blick auf das pittoreske **Schleusenwärterhäuschen** ❹ in paradiesischer Lage direkt am Isarkanal – von Ranken bewachsen, von Tannen umstanden. Die gelbe Fassade, die steinerne Treppe vor der Rundbogentür, die kleinen Dachgauben mit Giebel, der Schornstein, das Schieferdach – einfach zauberhaft. Bis in die 1970er-Jahre wohnte hier der Wärter, der die Schleuse des Isarwerks bediente.

Wir bleiben auf dem Uferweg der Isar. Dabei passieren wir ein **Wasserkraftwerk,** an dessen seitlichen Über-

Pittoreskes Häuschen am Isarkanal

 Für die Seele

Wir bummeln entlang der renaturierten Isar, queren sie in 42 Meter Höhe, passieren ein Steilufer. Zudem finden wir Isar-Honig und eine idyllische Kapelle.

Erfrischungstour 18

läufen das Wasser donnernd gut 3 Meter in die Tiefe stürzt. Vor und hinter dem Kraftwerk erstreckt sich am Isarufer ein bekannter (und gekennzeichneter) Nacktbadebereich. Ein wenig später, nach einem Bauhof zur Rechten, fällt uns ein Honigkasten ❺ ins Auge, der zu beiden Seiten von einem 2 Meter hohen Lattenzaun eingefasst ist. Dort bietet ein Imker seinen fein-cremigen „Isar-Honig" aus dem Landschaftsschutzgebiet Isarauen zum (Selbstbedienungs-)Kauf an. Probieren lohnt sich, die Preise sind fair.

Spätestens jetzt nehmen wir in Laufrichtung die Großhesseloher Brücke oder Hohe Brücke wahr. Die Stahlfachwerkbrücke, über die die Züge Richtung Bayrischzell, Tegernsee und Lenggries verkehren, ist nicht zu übersehen. In 42 Meter Höhe, auf Pfeilern aus Stahlbeton ruhend, überquert sie Isarkanal und Isar. Ein Rad- und Fußweg aus breiten Holzplanken durchzieht die Fachwerkkonstruktion.

Entlang der Isar und ihrer Auen

In luftiger Höhe durch bzw. über die Großhesseloher Brücke

Unmittelbar vor der Brücke queren wir rechts den Isarkanal, gehen rund 100 Meter den steil ansteigenden Höllerer Berg hinauf, um in einer scharfen Linkskurve – den Wegweisern nach – zum Fußweg über beziehungsweise durch die Großhesseloher Brücke geführt zu werden.

Auf der rechten Seite sehen wir im Hintergrund ein Gebäude zwischen den Stauwehren an Isar und Isarwerkkanal. Während der Floßsaison zwischen Mai und Mitte September kann man hier nachmittags in schöner Regelmäßigkeit lautes Gejohle und Gejubel hören, gefolgt von zünftiger Blasmusik. Hinter dem Haus befindet sich, von der Brücke aus nicht sichtbar, eine Floßrutsche ❻. Dort geht es 11 Meter hinab, was für die „Flößer" eine spritzige Gaudi bedeutet. Dabei werden die Flöße gleichzeitig von der Isar in den Isarwerkkanal geleitet, um später am Isarflößer-Denkmal zur Linken über eine weitere Rutsche in den Ländkanal und von dort zur Endstation Floßlände zu gelangen.

Jeder Schritt über die dicken Bohlen der Großhesseloher Brücke erzeugt einen dumpfen Ton, zwischen den Planken geht der Blick in die Tiefe. Wer nicht

Erfrischungstour 18

Erholung am Isarufer

schwindelfrei ist, sollte hier geradeaus aufs andere Ende schauen – nach 260 Metern ist es geschafft! Wir genießen den Aus- und Weitblick, auch wenn Richtung München hinterm Uferwald die Kamine des Heizkraftwerks Süd sichtbar sind.

Nach Verlassen der Brücke gelangen wir in einem großen Rechtsbogen hinunter auf einen Weg, der etwas oberhalb des Isarufers auf dem Damm verläuft. Zwischen Marienklausensteg und Thalkirchner Brücke geht der Weg in den **Schlichtweg** über, benannt nach dem Münchner Stadtrat Heinrich Schlicht (1864–1932). Wer jedoch die Nähe zum Wasser liebt, kann bis zum Marienklausensteg auch den Uferweg wählen.

Wir folgen dem Wegweiser Richtung **Tierpark.** Nach 2 Kilometern, die uns zur Rechten immer wieder mit schönen Blicken über den Hang zur Hochleite hinauf beschenken, erreichen wir den Marienklausensteg. Von dort geht nach wenigen Metern rechts ein schmaler **Stichsteg** ❼ ab, auf dem der Besucher unter sich das Wasser sprudeln und strömen sieht. Rechts vom Steg wartet eine eher spirituelle Erfahrung: die **Marienklause** ❽. Die kleine, 1866 erbaute und denkmalgeschützte Kapelle aus Holz und Grottenwerk mit einem Türmchen darauf schmiegt sich an den Isarsteilhang. Davor liegt unter großen, Schatten spendenden

Entlang der Isar und ihrer Auen

Bäumen ein umfriedetes Gärtchen mit Kreuzweg und Steinaltar. Ein schöner und im Sommer kühlender Ort, um ein wenig innezuhalten und Kraft zu tanken.

Zurück auf dem **Schlichtweg,** folgen wir ihm bis zur Thalkirchner Brücke am 1911 gegründeten Tierpark Hellabrunn entlang. Selbst mit verbundenen Augen würde man erraten, dass man sich hier an oder auf einem speziellen Terrain bewegt. Wohl nirgendwo sonst in München erreichen derart ungewohnte Stimmen und Laute unser Ohr. Zwischen Bäumen und Sträuchern hindurch kann man mitunter einen Blick auf Zootiere erhaschen.

Nachdem wir die Thalkirchner Brücke gequert oder unterquert haben, folgen wir dem Weg durch einen schmalen Waldstreifen in Ufernähe. Unmittelbar nach einem kleinen Kiosk auf der linken Seite biegen wir auf den **Flauchersteg** ❾ ein. Der 340 Meter lange und 4 Meter breite Steg verläuft über die Thalkirchner Fälle hinweg und an mehreren Kiesinseln vorbei. In die-

Nacktbadebereich

Einkehr in der Waldwirtschaft

Erfrischungstour 18

Zwischen Großhesseloher Wehr und Deutschem Museum ist die Isar auf einer Länge von 8 Kilometern bis 2011 renaturiert worden. Gut 10 Jahre hat die naturnahe Umgestaltung der Flusslandschaft gedauert. Pflanzen, Tiere und Menschen profitieren davon.

sem Bereich überwindet die Isar auf kürzester Distanz einen Höhenunterschied von zweieinhalb Metern – ihr Wasser verfällt buchstäblich in einen Rausch, der uns bis zum Ende des Stegs lautstark begleitet.

Am **Isarwerk 2** und dem Biergartenkiosk **Schinderstadl** vorbei queren wir erneut die Schinderbrücke, das alles kennen wir schon vom Hinweg. Nach der Brücke biegen wir nun aber nach rechts in die **Hans-Preißinger-Straße** ein. Nach wenigen Metern gehen wir links und gleich wieder links um ein Gebäude herum und erreichen über einen Innenhofkreisel die **Schäftlarnstraße,** die wir überschreiten und nach rechts gehen. An der nächsten Ecke biegen wir links in die **Dietramszeller Straße,** die uns wieder zur Thalkirchner Straße bringt. Eine abwechslungsreiche Tour liegt hinter uns.

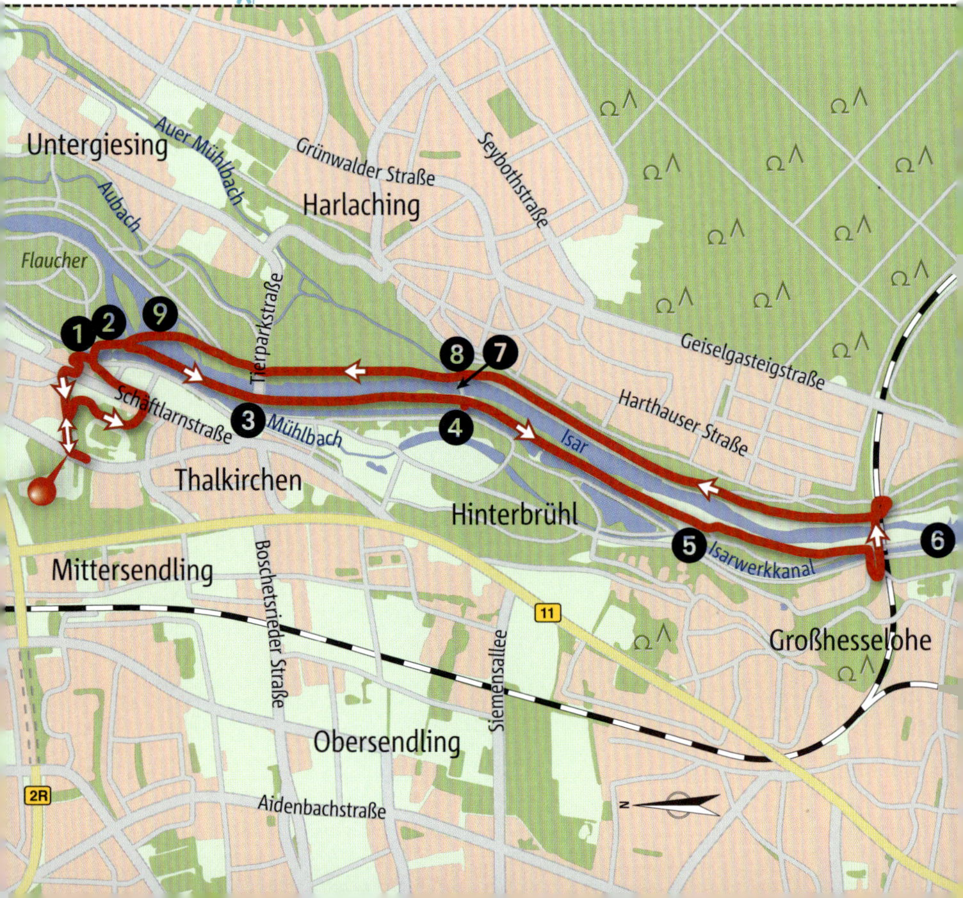

Alles auf einen Blick

WIE & WANN:
Asphaltierte Straßen, Park-, Wiesen- und Uferwege sowie der Flauchersteg; zu jeder Jahreszeit begehbar; im Sommer viele Bademöglichkeiten in der Isar

HIN & WEG:
Auto: Parkmöglichkeit am Alten Jüdischen Friedhof, Thalkirchner Straße 240, 81371 München (GPS: 48.108911, 11.546285)
ÖPNV: U 3 bis Brudermühlstraße; 10 Min. Fußweg zum Ausgangspunkt über Thalkirchner Straße

ESSEN & ENTSPANNEN:
Schinderstadl ❷ Isarauen 2, 81379 München, Tel. (0 89) 28 85 96 86, www.haberl.de/schinderstadl
Honigkasten (Isar-Honig) ❺
Abseits der Route empfehlenswert:
Waldwirtschaft Großhesselohe, Georg-Kalb-Straße 3, 82049 Pullach im Isartal, Tel. (0 89) 74 99 40 30, www.waldwirtschaft.de
Menterschwaige, Menterschwaigstraße 4, 81545 München, Tel. (0 89) 64 07 32, www.menterschwaige.de
Antica Trattoria Nuova, Braunstraße 6, 81545 München, Tel. (0 89) 6 42 66 66 antica-trattoria-nuova.com

ENTDECKEN & ERLEBEN:
Schinderbrücke ❶
Thalkirchner Brücke ❸
Schleusenwärterhäuschen ❹
Floßrutsche ❻ Floßfahrt buchen: www.isar-floss-event.de
Stichsteg ❼
Marienklause ❽
Flauchersteg ❾

Entspannung ✶✶✶✶✶
Genuss ✶✶✶✶✶
Romantik ✶✶✶✶✶

Die vier Apostel

✻ 12,6 Kilometer
✻ 40 Höhenmeter
✻ 3 Stunden
✻ Rundweg

Erfrischungstour 19

Wir beginnen unsere Tour am Parkplatz, der neben der Lassallestraße an den **Lerchenauer See** grenzt. Der Baggersee (mit Wasserwacht) liegt in direkter Stadtnähe und ist komplett von Häusern umzingelt. Unübersehbar dominieren vier Hochhäuser – auch **„Die vier Apostel"** ❶ genannt – die Seekulisse, zwei davon in Ufernähe. Stolze 15 Stockwerke stemmen sich in den weiß-blauen Himmel. Die Szene wirkt ein wenig spacig, doch dank des Grünstreifens, der sich mit hoch gewachsenen Bäumen, Sträuchern und großzügigen Liegewiesen zwischen Siedlung und See geschoben hat, nehmen wir die urbane Nähe überhaupt nicht wahr.

Lerchenauer See, Fasaneriesee und Feldmochinger See bilden die sogenannte Dreiseenplatte. Die drei Badegewässer sind Baggerseen, durch Kiesaushub in den 1930er-Jahren entstanden. Von Grundwasser durchströmt, hat das Trio eine gute Wasserqualität.

Wir umrunden den Lerchenauer See gegen den Uhrzeigersinn – vorbei an Wasserwacht, Kinderspielplatz, Parkbänken und Grillzonen. Am gegenüberliegenden Ufer sehen wir die **Kapernaumkirche** ❷.

Auf dem Wasser schwimmen zwei Schwäne, auch Stockenten ziehen ihre Bahnen und auf den Uferwiesen äsen Dutzende von Kanadagänsen. Nachdem wir die Wohntürme passiert haben, verlassen wir den Uferweg zu einer Kreuzung hin, überqueren die Lassallestraße und biegen in die **Max-Wönner-Straße.** Nach gut 400 Metern durch reines Wohngebiet treffen wir auf die **Toni-Pfülf-Straße.** Wir wechseln die Straßenseite und gelangen über einen schmalen Fuß- und Radweg zu einer Unterführung, die uns unter einer Bahntrasse hindurch an die Gestade des Fasaneriesees spült.

Er ist 14 Hektar groß – das entspricht rund 20 Fußballfeldern – und bis zu 11 Meter tief. Da seine Ufer-

Die 1968 gebaute Kapernaumkirche mit ihrem zeltförmigen Dach ist ein echter Hingucker am Lerchenauer See. Der Name erinnert an eine biblische Stadt am See Genezareth. Unübersehbar ist der 44 Meter hohe Turm aus 7 Tonnen schweren Fertigbetonteilen.

Wasser marsch!
Dreiseenplatte im Norden Münchens

Erfrischungstour 19

Kanadagänse

Der erste Feldmochinger Friedhof ist ein Zufallsfund. Er liegt am Westufer des Fasaneriesees, symbolisiert durch fünf Findlinge, an deren größtem eine Gedenktafel hängt: „Hier wurden 1939–1941 600 bajuwarische Reihengräber entdeckt (ca. 550–700 n. Chr.)."

bereiche abgeflacht sind – anders als beim Lerchenauer See mit seinem Steilufer – bietet er sich ideal als Swimmingpool für Familien mit Schwimmanfängern und/oder Nichtschwimmern an.

Wir laufen – ebenfalls gegen den Uhrzeigersinn – entlang des Fasaneriesees. Unmittelbar nach dem Spielplatz Nordufer kommen wir zu einer Weggabelung. Rechtsabbieger erreichen in 2 Minuten neben einer Kleingartenanlage Gaststätte & Biergarten Fasaneriesee ❸. Wir bleiben indes auf dem Hauptweg und nehmen die verlockende Einladung einer der vielen Parkbänke an, die den See buchstäblich umstellen. So viel Zeit muss sein, um uns hinzusetzen und den Blick ausgiebig über das Gewässer und seine grüne Einbettung schweifen zu lassen. Und wenn da nicht in großer Entfernung die obersten Stockwerke eines Münchner Hochhauses über die Baumwipfel ragen würden, wir kämen nicht auf die Idee, dass wir uns ganz nah am Puls einer Großstadt befinden.

Weiter geht's. Unmittelbar nach einem Skatepark zur Rechten und dem „ersten Feldmochinger Friedhof" zur Linken verlassen wir den Fasaneriesee und gehen nach zwei Rechtsschwenks die Feldmochinger Straße entlang, die als Allee in den immer noch landwirtschaft-

Dreiseenplatte im Norden Münchens

lich geprägten Stadtteil führt. Wir überqueren sie, denn auf der anderen Seite bei Haus Nummer 347 gibt's ein denkmalgeschütztes **Wegkreuz** ❹ aus dem 19. Jahrhundert zu sehen, ein gefasster Holzkruzifix mit Wettermantel. Nur 300 Meter weiter queren wir erneut die Straße. Wir statten der **Schneid-Kaffee Kaffeerösterei** ❺ – Laden, Café und Rösterei unter einem Dach – einen Besuch ab. Gut gelaunt und voller Elan, wie wir sind, schmeckt der Espresso auch im Stehen. Und wie gut das duftet, als wir die Rösterei betreten!

Wieder zurück auf der anderen Straßenseite, biegen wir einen Steinwurf weiter nach links in die **Karl-Wahler-Straße,** von der wir nach rechts in **Am Gottesackerweg** gelangen. Kurz darauf passieren wir ein zweites **Wegkreuz** ❻, das zwischen zwei eindrucksvollen Eschen steht: ebenfalls denkmalgeschützt, aus dem 19./20. Jahrhundert, wieder ein gefasster hölzerner Kruzifix mit Wettermantel. An der nächsten Kreuzung schwenken wir nach links in die **Hammerschmiedstraße,** die auf beiden Seiten von Feldern flankiert ist und in einer Rechtskurve in die **Göttnerstraße** übergeht. In der Kurve sehen wir vor uns die **ehemalige Obermühle** ❼, ein weiß getünchtes Mühlengehöft mit drei Halbwalmdachbauten.

Historische Fundstätte

Denkmalgeschütztes Wegkreuz

 Für die Seele

Wir wandern von See zu See, von Grüngürtel zu Grüngürtel, begegnen Zeugen längst vergangener Tage und genießen ländliche Atmosphäre im urbanen Raum.

Erfrischungstour 19

Wegkreuz zwischen Eschen

Kleiner Aussichtsturm

Nach 100 Metern gehen wir links in den **Feldmochinger Seeweg,** queren den Feldmochinger Mühlbach und erreichen den **Feldmochinger See,** den wir rechtsherum umrunden. Er ist das größte Gewässer der Dreiseenplatte. An seiner Nordseite liegt das **Seehaus Feldmoching** ❽, ein schönes Restaurant und Café mit Biergarten. Der Weg schlängelt sich nun am Westufer entlang – über den Würmhölzlgraben (Kalterbach) hinweg, den einzigen Abfluss des Sees, und vorbei an Liegewiesen, Grillzonen, einem Sportbereich mit Bewegungsparcours und Beachvolleyballplatz, gefolgt von **Andys Seehäusl** ❾ und einem markierten FKK-Gelände. Wir spazieren an einem eingezäunten Biotop entlang, einem von Menschen ungestörten Erholungsraum für Flora und Fauna. Von einem kleinen **Aussichtsturm** ❿ genießen wir den einmaligen Blick über den See und ins Innenleben des Biotops mit seinen Wasserpflanzen.

Wir verabschieden uns vom Feldmochinger See nach rechts über die **Ferchenbachstraße,** der wir nun für 1,5 Kilometer folgen werden. Zunächst begleitet uns noch der Feldmochinger Mühlbach zur Linken. Riesenmengen von durchwachsenem Laichkraut verwandeln ihn in eine grüne Plantage von Unterwasserblättern, die in der leichten Strömung zu tanzen scheinen. Die angrenzenden Grundstücke sind durch kleine Brücken mit der Straße ver-

Dreiseenplatte im Norden Münchens

bunden. Kaum hat uns der Bachlauf verlassen, präsentiert sich die Ferchenbachstraße alleeartig. Ackerflächen, Wiesen und Felder begleiten uns zu beiden Seiten. Vorbei am Reiterhof Ludwigsfeld gelangen wir nach links in die Straße Auf den Schrederwiesen. Sie mündet nach dem Campingplatz Nord-West in einen gut 3 Kilometer langen Grüngürtel. Der liegt wie ein schmales Badelaken zwischen dem Rangierbahnhof München-Nord und der Fasanerie ausgebreitet.

Nach rund 10 Minuten verschmilzt ein zweiter, von rechts kommender Weg mit dem unseren. Wir folgen einem deutlich erkennbaren Trampelpfad die Böschung zum Bahndamm hinauf. Für die kleine Kraftanstrengung werden wir kurz darauf belohnt – mit einer wunderschönen Aussicht ⓫ auf den Rangierbahnhof zu unseren Füßen und auf den Olympiaturm. Bei wolkenfreiem Himmel und klarer Sicht kann man sicher bis zu den Alpen schauen.

Aussicht auf Rangierbahnhof und Olympiaturm

Erfrischungstour 19

Wir bleiben dem Grüngürtel treu und ignorieren alle Abzweige nach rechts oder links, bis wir ihn an der **Lassallestraße** nach links verlassen. An der Ecke Lassallestraße/Wilhelmine-Reichard-Straße queren wir die verkehrsreiche Innerortsstraße und tauchen halb links auf einem leicht ansteigenden Waldpfad in den Lerchenauer Grünmantel ein, der uns an den Fuß eines **Rodelhügels** bringt. Wir halten uns links, passieren schon bald den **Kinderspielplatz,** den wir vom Hinweg bereits kennen, und erreichen nach links am Uferweg entlang nur wenige Minuten später unseren Ausgangspunkt. Auf dem Lerchenauer See schwimmen wieder zwei Schwäne, vermutlich verabschieden uns dieselben, die uns zu Beginn der Tour begrüßt haben.

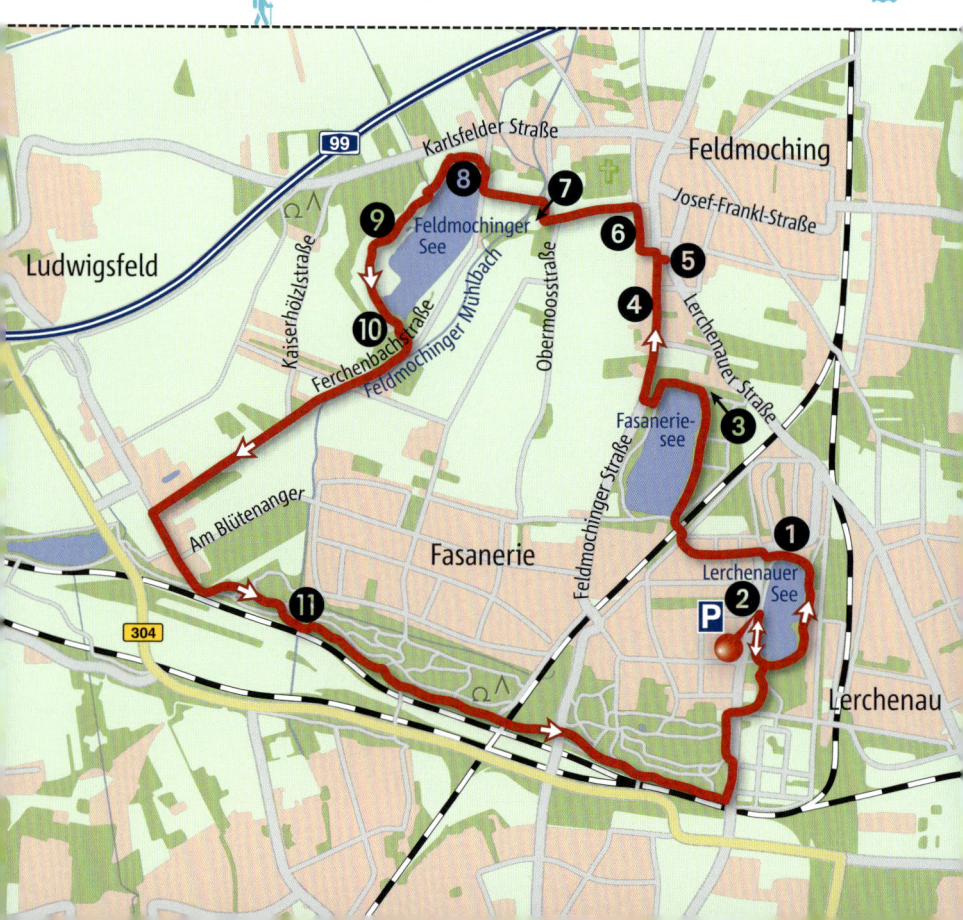

Alles auf einen Blick

WIE & WANN:
Asphaltierte Straßen und Wege, befestigte Ufer-, Park- und Wiesenwege; ganzjährig möglich

HIN & WEG:
Auto: Parkplatz Lerchenauer See an der Lassallestraße,
80995 München (GPS: 48.196446, 11.535367)
ÖPNV: S 1 bis Fasanerie; 10 Min. Fußweg zum Ausgangspunkt über Leberblümchenstraße, Linus-Funke-Weg, links in die Joseph-Seifried-Straße

ESSEN & ENTSPANNEN:
Gaststätte & Biergarten Fasaneriesee ❸ Lerchenauer Straße 267, 80995 München,
Tel. (0 89) 1 50 31 54, https://www.kleingartenanlage-fasaneriesee.de/vereinsheim.html
Schneid-Kaffee Kaffeerösterei ❺ Feldmochinger Straße 378, 80995 München,
Tel. (0 89) 3 14 48 48, www.schneid-kaffee.de
Seehaus Feldmoching ❽ Ferchenbachstraße 209, 80995 München,
Tel. (0 89) 20 03 23 20, www.seehaus-feldmoching.eatbu.com
Andys Seehäusl ❾ Karlsfelder Straße 81, 80995 München,
Tel. (01 57) 79 31 04 32, www.andys-seehaeusl.de
Abseits der Route empfehlenswert:
Zimt und Koriander (Café), Lerchenauer Straße 189, 80935 München, Tel. (0 89) 28 94 96 51

ENTDECKEN & ERLEBEN:
„Die vier Apostel" ❶
Kapernaumkirche ❷
Wegkreuz ❹
Wegkreuz ❻
Ehemalige Obermühle ❼
Aussichtsturm ❿
Aussichtspunkt am Bahndamm ⓫

Entspannung ✸✸✸✸✸
Genuss ✸✸✸✸✸
Romantik ✸✸✸✸✸

- ❄ 12,1 Kilometer
- ❄ 10 Höhenmeter
- ❄ 2,5 Stunden
- ❄ Rundweg

Ein Moment der Stille

Erfrischungstour 20

Wir starten in der **Schwarzhölzlstraße** und gehen auf den Würmkanal zu. Unmittelbar nach der Brücke biegen wir rechts auf einen Wirtschaftsweg ein, der dem Kanalufer folgt. Die Weite, die Stille, das Verträumte dieser Landschaft im Norden Münchens sind sogleich gegenwärtig. Links schweift der Blick über Wiesen und Felder, auf einigen wächst großflächig Acker-Hederich – ein grünes Pflanzenmeer mit weißer und hellgelber Blütenkrone. Nach 1,5 Kilometern biegen wir vor einer Holzbrücke, neben der zwei Bänke stehen, nach links und folgen dem Wegweiser in Richtung **Regatta-Badesee.** Auf Höhe der Brücke müssen wir uns vom Würmkanal verabschieden – sein Ziel ist Schloss Schleißheim, für dessen Anlagen er sein Wasser liefert. Auf einen plätschernden Begleiter verzichten müssen wir dennoch nicht: An der Holzbrücke befindet sich die **Ausleitung des Schwebelbachs ❶**, dem wir die nächsten 1,6 Kilometer bis an den Regattaparksee folgen werden (nach weiteren 7 Kilometern mündet er in die Amper). Ruhig und leise gluckst er an unserer Seite, manchmal offen zugänglich, meistens jedoch von Hecken, Sträuchern und Gehölzen verdeckt. Nach 800 Metern halten wir uns an einem Abzweig rechts – rechts der Schwebelbach, links ein dicht bewachsener **Schutzbereich für heimische Tiere und Pflanzen,** wie einem Hinweisschild zu entnehmen ist. Wir bleiben auf dem Hauptweg, passieren eine geöffnete Wegsperre und gehen am Ufer des **Regattaparksees** bis zur Seehütte der DLRG Wasserstation mit dem **Steg ❷** daneben. Wir genießen den Blick über den bis zu 15 Meter tiefen See, der die Größe von 21 Fußballfeldern hat. Über dem

Poesie der Stille
Zur Regattaanlage Oberschleißheim

Regattagelände

Wasser wabert noch ein dünnes Band aus Nebelschwaden – als ob es den Wasserspiegel küsste. Geheimnisvoll wirkt das, es hat einen gewissen Zauber – Poesie der Stille. Auf unserer Seite, dem Nordufer, und am Westufer, rechts von uns, befinden sich ausreichend Liegewiesen – während der Badesaison sind ihre sonnigen und schattigen Plätze gut besucht. Am gegenüberliegenden Ufer befindet sich das geschützte Biotop, das wir vor wenigen Minuten gestreift haben. Dahinter schimmert der Himmel über München deutlich heller. Wie mit dem Lineal gezogen scheint eine imaginäre Linie durch die Luft zu verlaufen, über die sich die graue Wolkenschicht nicht hinwegtraut.

Wir verlassen den Steg nach links auf den Uferweg. Nach wenigen Schritten gelangen wir rechts über eine Steintreppe zur **Regattaanlage Oberschleißheim.** Auf ihr ziehen Ruderer und Kanuten ihre Trainingsbahnen. Die Anlage ist zwar seit 2018 denkmalgeschützt, was sie jedoch nicht vor dem Verfall bewahrt. Seit geraumer Zeit wird um eine Sanierung gerungen, die an die 100 Millionen kosten soll – ein Vermögen. Ein Vermögen verbirgt sich auch in den 38 Bootshallen am Kopf der Regattastrecke. Darin sind rund 1100 Ruder- und Kanuboote der zwölf ansässigen Vereine untergebracht.

Wir halten uns rechts und gehen auf den Tribünenbau zu, in dem sich ein **Kiosk mit Imbiss** ❸ befindet.

Zur Regattaanlage Oberschleißheim

Dort können sich im Sommer die Besucher des benachbarten Munich Beach Resort, das fünf Courts für Beachvolleyball, Soccer, Tennis und Handball hat, mit Getränken und Snacks stärken. Über die Tribünentreppe gelangen wir auf einen asphaltierten Weg, der uns am Zielturm und an den Bootshäusern vorbei zur beschrankten Zufahrt des Geländes bringt. An der Stirnseite der Ruderstrecke ragen sechs Holzstege wie Zähne eines Baggerlöffels übers Wasser. Hier werden die Boote zu Wasser gelassen.

Sobald wir das Gelände verlassen haben, biegen wir vor dem Schleißheimer Kanal und der Bundesstraße 471 nach links auf einen Wander- und Radweg ein, folgen dabei dem Wegweiser Richtung Karlsfeld/Karlsfelder See. Wir bewegen uns durch ein Naturschutzgebiet. Nach 150 Metern kommen wir an einen Abzweig, an dem wir uns rechts halten. So gelangen wir – zunächst durch Mischwald, ein wenig später von Grünland flankiert – zum asphaltierten und birkenbestandenen Schnepfenweg. Wir folgen ihm erst nach links, 150 Meter später dann nach rechts durch eine kleine Siedlung und einen Wald. Am Ende des Waldes geht der Schnepfenweg in den Kalterbachweg über, der uns – vorbei an einem Feldkreuz ❹ mit einer Bank davor – schnurgerade bis zum Kalterbach bringt, einem Abfluss des Feldmochinger Sees, der weiter nördlich in die Amper mündet. Kurz davor passieren wir eine Wegsperre, an der ein Landschaftsschutzgebiet beginnt. Der bislang asphaltierte Weg wird

Die für die Olympischen Spiele 1972 im südlichen Teil des Dachauer Mooses gebaute Regattaanlage Oberschleißheim ist 2230 Meter lang, 140 Meter breit und bis 3,5 Meter tief. In einem gut 500 Meter langen Streifen vor der Tribüne ist Baden erlaubt.

Naturschutzgebiet

Für die Seele

Auf ruhigen Wegen über Wiesen und Felder umwandern wir die Regattastrecke Oberschleißheim, folgen Würmkanal und Kalterbach ins idyllische Schwarzhölzl.

Erfrischungstour 20

gleichzeitig zu einem Wirtschafts- und Forstweg. Nach einer Linkskurve begleitet uns der Kalterbach auf der rechten Seite – mal versteckt hinter Baumzeilen, mal offen, nur durch einen schmalen Grünstreifen getrennt – bis zu einer **Brücke am Regattaweg.** Wir überqueren sie und tauchen nach rechts in das **Schwarzhölzl** ein, an dessen Rand wir schon eine Weile entlanggelaufen sind.

Nach gut 400 Metern folgen wir an einem Abzweig dem Wegweiser nach rechts Richtung **Karlsfelder See.** Wer lieber den 27 Meter hohen, mit Aushub der Ruderregattastrecke aufgeschütteten **Schwarzhölzlberg** ❺ erklimmen will, wählt am Abzweig den linken Weg.

Nach einer leichten Linkskurve öffnet sich der Wald und gewährt einen freien Blick den von einzelnen Bäumen bestandenen Hügel hinauf, den wir von einer Bank aus in aller Ruhe und Stille betrachten – allein auf weiter Flur, nur hie und da zwitschert ein Vogel sein Liedchen. Etwas seitlich erinnert ein **Gedenkstein** an **Josef Koller** (1942–2010) ❻, den „begeisterten Naturschützer und Retter des Schwarzhölzls", wie auf einer Messingtafel zu lesen ist. Über Jahrzehnte hat er

Tipis im Wald

Zur Regattaanlage Oberschleißheim

Am Kalterbach entlang

hartnäckig für den Erhalt dieses Kleinods gekämpft – und am Ende gewonnen.

Wir gehen weiter und treffen nach etwa 100 Metern auf einen Abzweig, an dem wir dem Wegweiser nach links Richtung Regatta-Badesee folgen. Ein schmaler Pfad leitet uns am Rand des Schwarzhölzls entlang. Hier ist erhöhte Aufmerksamkeit geboten, denn aus dem Waldboden ragen immer wieder Baumwurzeln heraus – mögliche Stolperfallen. Auf der rechten Seite erstreckt sich eine große Grünfläche, im Vordergrund befinden sich zwei kleine, von Schilf gesäumte Tümpel. Kurz danach gibt es ein Wiedersehen mit dem Kalterbach, wenige Meter hinter der Einmündung eines Wegs von links. Für einen Kilometer ist das Bächlein nun wieder unser Begleiter, zur Abwechslung plätschert es jetzt auf der linken Seite neben uns her. Zur Rechten macht sich eine sattgrüne Wiese breit, über die sich einzelne Bäume, aber auch Baumgruppen und Schilfflächen großzügig verteilen. Ein Schild am Wegesrand informiert, dass es sich um eine Vegetationsbeobachtungsfläche handelt, wo Auswirkungen verschiedener Pflegemaßnahmen auf die Vegetation untersucht werden. Der ausdrücklichen Bitte, diese Fläche zu schonen, kommen wir natürlich nach und bleiben auf dem Hauptweg.

Das Schwarzhölzl im Münchner Norden ist ein Niedermoorwald und steht seit 1994 unter Naturschutz. Der Name soll auf Mooskiefern zurückgehen, die ihm ein düsteres Erscheinungsbild verleihen. Es ist ein reizvolles Überbleibsel des Dachauer Mooses.

Erfrischungstour 20

In einer Rechtskurve, die zur Linken von einem Streifen hoch gewachsener Bäume flankiert wird, trennt sich unser Weg erneut vom Lauf des Kalterbachs – einmal werden wir ihm noch begegnen.

An den nächsten beiden Abzweigungen halten wir uns immer links, queren dann den Kalterbach und gehen bis zur Brücke über den Würmkanal. Hier biegen wir rechts in die **Schwarzhölzlstraße** ein, in der wir gestartet sind. Zum Abschied demonstriert der graue Geselle Nebel noch einmal, was er virtuos beherrscht. Er umhüllt die Baumwipfel mit seinem Schleier, sodass die kahlen Wipfel mit den vielen Mistelkugeln nur noch schwach wie durch Mattglas zu erkennen sind: Poesie der Stille.

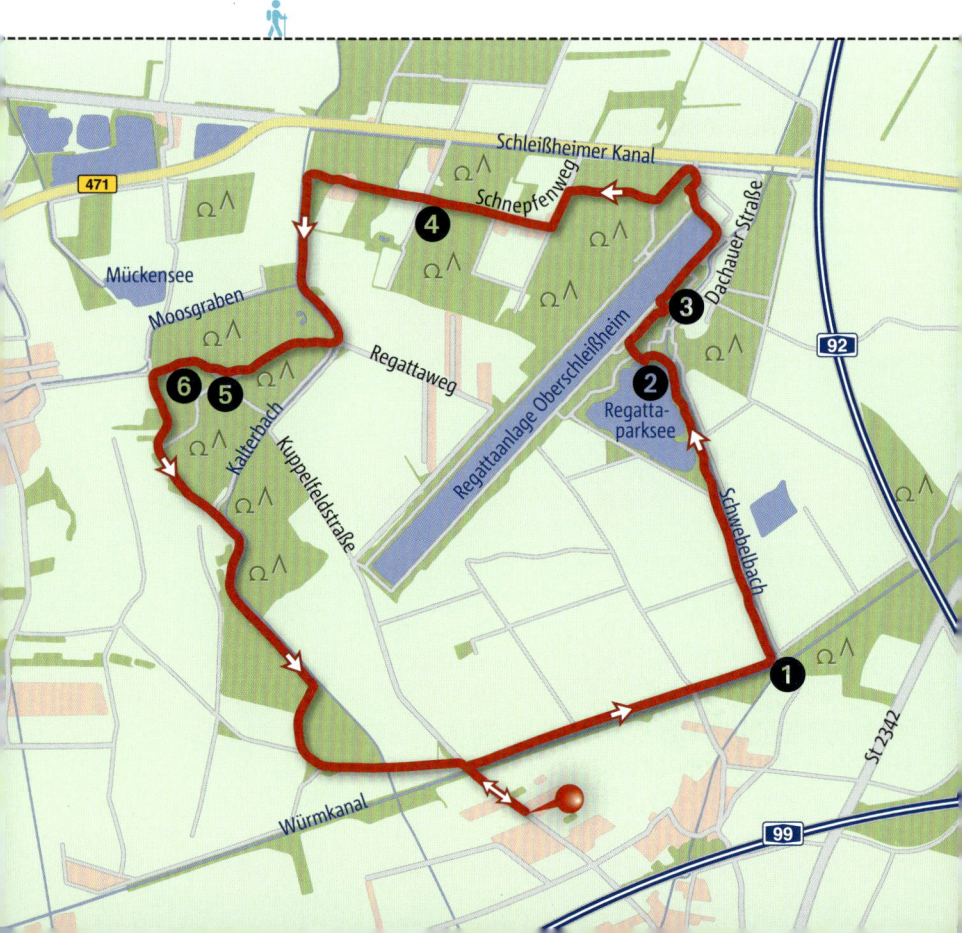

Alles auf einen Blick

WIE & WANN:
Asphaltierte Straßen, Wald-, Wiesen- und Wirtschaftswege; ganzjährig begehbar

HIN & WEG:
Auto: Parkmöglichkeit am Straßenrand der Schwarzhölzlstraße,
80995 München (GPS: 48.226022, 11.513173)
ÖPNV: S 2 bis Karlsfeld, ab dort Bus 701 oder 712 bis Schwarzhölzlstraße,
20 Min. Fußweg zum Ausgangspunkt über Schwarzhölzlstraße;
alternativ ab Dachau Bf oder Oberschleißheim Bus 291 bis Oberschleißheim Regattaanlage,
Einstieg in die Tour dort (nur Mo.–Fr.)

ESSEN & ENTSPANNEN:
Unbedingt Verpflegung mitnehmen; von April bis Oktober geöffnet hat:
Kiosk mit Imbiss (Munich Beach Resort) ❸ Dachauer Straße 35,
85764 Oberschleißheim, Tel. (0 89) 3 15 57 23, www.mbr.bayern

ENTDECKEN & ERLEBEN:
Ausleitung des Schwebelbachs ❶
Steg am Regattaparksee ❷
Feldkreuz ❹
Schwarzhölzlberg ❺
Gedenkstein Josef Koller ❻

Entspannung ✦✦✦✦✦
Genuss ✦✦✦✦✦
Romantik ✦✦✦✦✦

Die GPS-Daten zu jeder Tour gibt es auf
www.droste-verlag.de

© 2021 Droste Verlag GmbH, Düsseldorf
Konzeption/Satz: Droste Verlag, Düsseldorf
Einbandgestaltung: Britta Rungwerth, Düsseldorf, unter Verwendung von Bildern von © Fotolia.com: Andrey Kuzmin, undrey, dabost, niroworld; © KrisWIKTOR - stock.adobe.com
Fotos: Harald Hesse
Karten: Thorsten David, Bochum
Druck und Bindung: LUC GmbH, Greven

Alle Angaben in diesem Buch wurden sorgfältig recherchiert und geprüft. Für die Richtigkeit der Angaben, für etwaige Unfälle und Schäden jeglicher Art kann keine Haftung übernommen werden; die Nutzung erfolgt auf eigenes Risiko. Abweichungen, die nach Redaktionsschluss erfolgten, konnten nicht mehr berücksichtigt werden. Hinweise und Änderungen nehmen wir gern entgegen.

ISBN 978-3-7700-2243-4
www.droste-verlag.de